ПО-РУССКИ? ПОЖАЛУЙСТА!

Более 1000 иллюстрированных слов
Игры и упражнения

EUROPEAN LANGUAGE INSTITUTE

P.O. Box 6 - Recanati - Italy
Tel. 071/750701 - Fax 071/977851
Reprinted 1995

Printed in Italy by Tecnostampa s.r.l.

К ЧИТА́ТЕЛЯМ

Дороги́е друзья́! Вы де́ржите в рука́х кни́гу, адресо́ванную тем, кто изуча́ет ру́сский язык на нача́льном эта́пе. Она́ явля́ется приложе́нием ежеме́сячных журнало́в в ко́миксах изда́тельства ELI Возмо́жно, вы уже́ зна́ете глаго́л “игра́ть” и выражение “де́лать что́-либо игра́ючи”, в кото́ром сло́во “игра́ючи” употреблено́ в значе́нии “**без труда́, как бы игра́я**”. Сейча́с мы предлага́ем вам игра́ючи (в прямо́м смы́сле э́того сло́ва) расши́рить свой запа́с ру́сских слов.

Кни́га соста́влена гру́ппой высококвалифици́рованных преподава́телей иностра́ннных языко́в и авторите́тных методи́стов. Осно́вой кни́ги явля́ются **два́дцать темати́ческих разде́лов** с я́ркими карти́нками, отража́ющими реа́лии, кото́рые отно́сятся к определённой те́ме и́ли ситуа́ции: “Го́род”, “Тра́нспорт”, “Профе́ссии”, “Магази́н”, “О́тдых”, и т. д. По́сле ка́ждой карти́нки сле́дует небольшо́й иллюстри́рованный **сло́вник**. Да́лее предлага́ются и́гры и упражне́ния, в кото́рых испо́льзуется ле́ксика темати́ческой карти́нки. И́гры и упражне́ния спосо́бствуют лу́чшему понима́нию значе́ния и запомина́нию но́вых слов.

С кни́гой мо́жно рабо́тать и самостоя́тельно, и в кла́ссе, с преподава́телем. Е́сли вы по́льзуетесь кни́гой самостоя́тельно, то вам помо́гут рису́нки и отве́ты, да́нные в конце́ кни́ги.

ПРИРО́ДА

верши́на горы́
снег
гора́
скáлы
склон
холм
óзеро
дерéвня
пляж
бýхта
ручéй
водопад
цéрковь
рекá
домá
пáхотное пóле
просёлочная
дорóга
плетéнь
дерéвья
цветóк
лист
кусты́
вéтки
луг

В ка́ждом ряду́ слов есть "чужо́е" сло́во. Впиши́ его́ в "свой" ряд.

1. верши́на - гора́ - лист - склон - ска́лы ....

2. река́ - ручей - у́стье - водопа́д - коса́ ....

3. пляж - бу́хта - бе́рег - подво́дные ка́мни - о́зеро ....

4. де́рево -цвето́к - плете́нь - снег - куст ....

Реши́ кроссво́рд, испо́льзуя да́нные внизу́ слова́. Тебе́ помо́гут длина́ слов и уже́ впи́санные бу́квы.

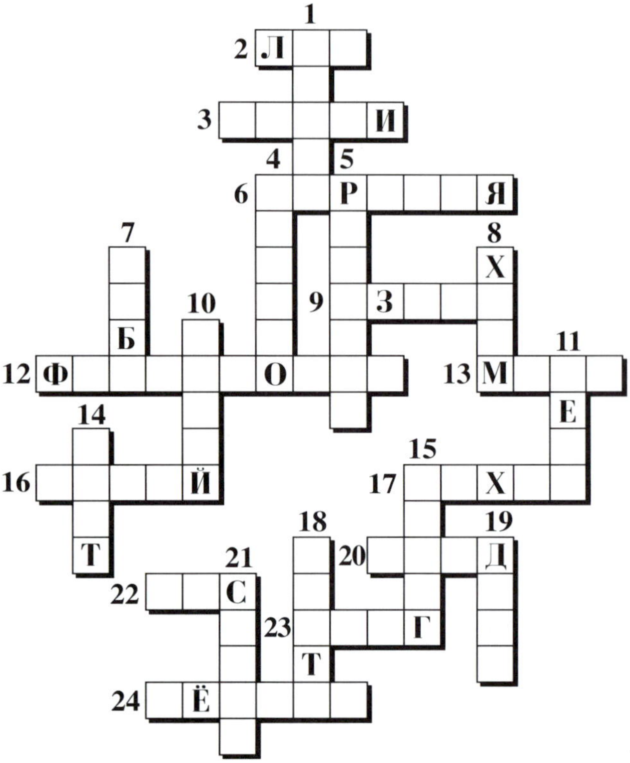

По горизонта́ли:

- ❑ о́зеро
- ❑ бу́хта
- ❑ си́ний
- ❑ лес
- ❑ луг
- ❑ мо́ре
- ❑ ве́тки
- ❑ фиоле́товый
- ❑ дере́вня
- ❑ жёлтый
- ❑ снег
- ❑ пруд

По вертика́ли:

- ❑ кусты́
- ❑ бе́рег
- ❑ ро́зовый
- ❑ не́бо
- ❑ ска́лы
- ❑ холм
- ❑ се́рый
- ❑ лист
- ❑ де́рево
- ❑ дома́
- ❑ река́
- ❑ у́стье

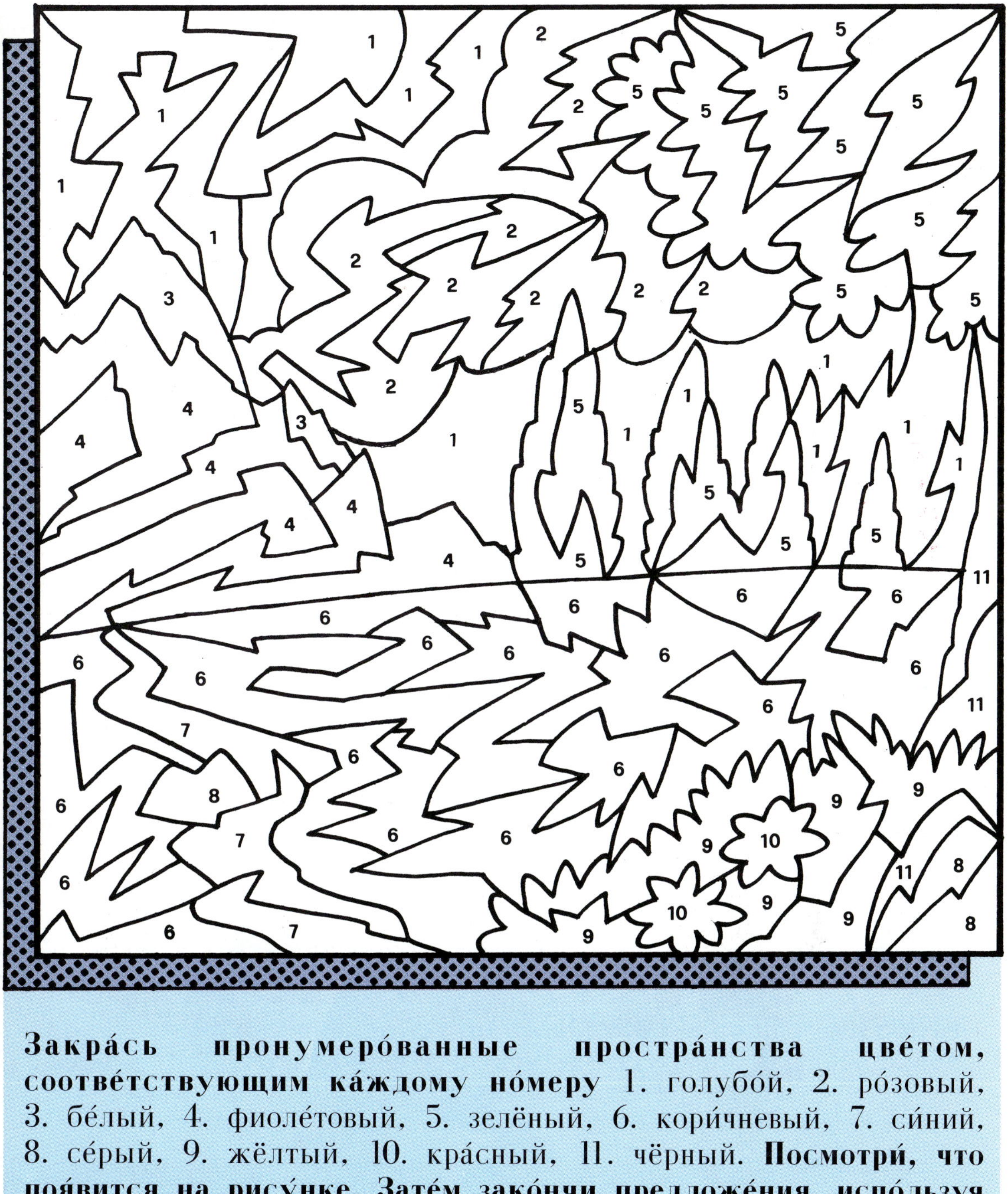

Закра́сь пронумеро́ванные простра́нства цве́том, соотве́тствующим ка́ждому но́меру 1. голубо́й, 2. ро́зовый, 3. бе́лый, 4. фиоле́товый, 5. зелёный, 6. кори́чневый, 7. си́ний, 8. се́рый, 9. жёлтый, 10. кра́сный, 11. чёрный. **Посмотри́, что поя́вится на рису́нке. Зате́м зако́нчи предложе́ния, испо́льзуя слова́ предыду́щей страни́цы.**

Н_ _ _ г_ _ _ _ _ _е. На в_ _ _ _ _ _ _ г_ _ _ лежи́т с_ _ _.
Р_ _ _ стека́ет с гор и течёт по р_ _ _ _ _ _ _. Здесь мно́го з_ _ _ _ _ _ _
д_ _ _ _ _ _ _ _. Ме́жду к _ _ _ _ _ _ _ видны́ к_ _ _ _ _ _ _ ц_ _ _ _.

ГО́РОД

Зако́нчи сле́дующие предложе́ния, испо́льзуя слова́ э́той страни́цы.

1. Ходи́ть по ....
2. Ждать авто́бус на ....
3. Поднима́ться по ....

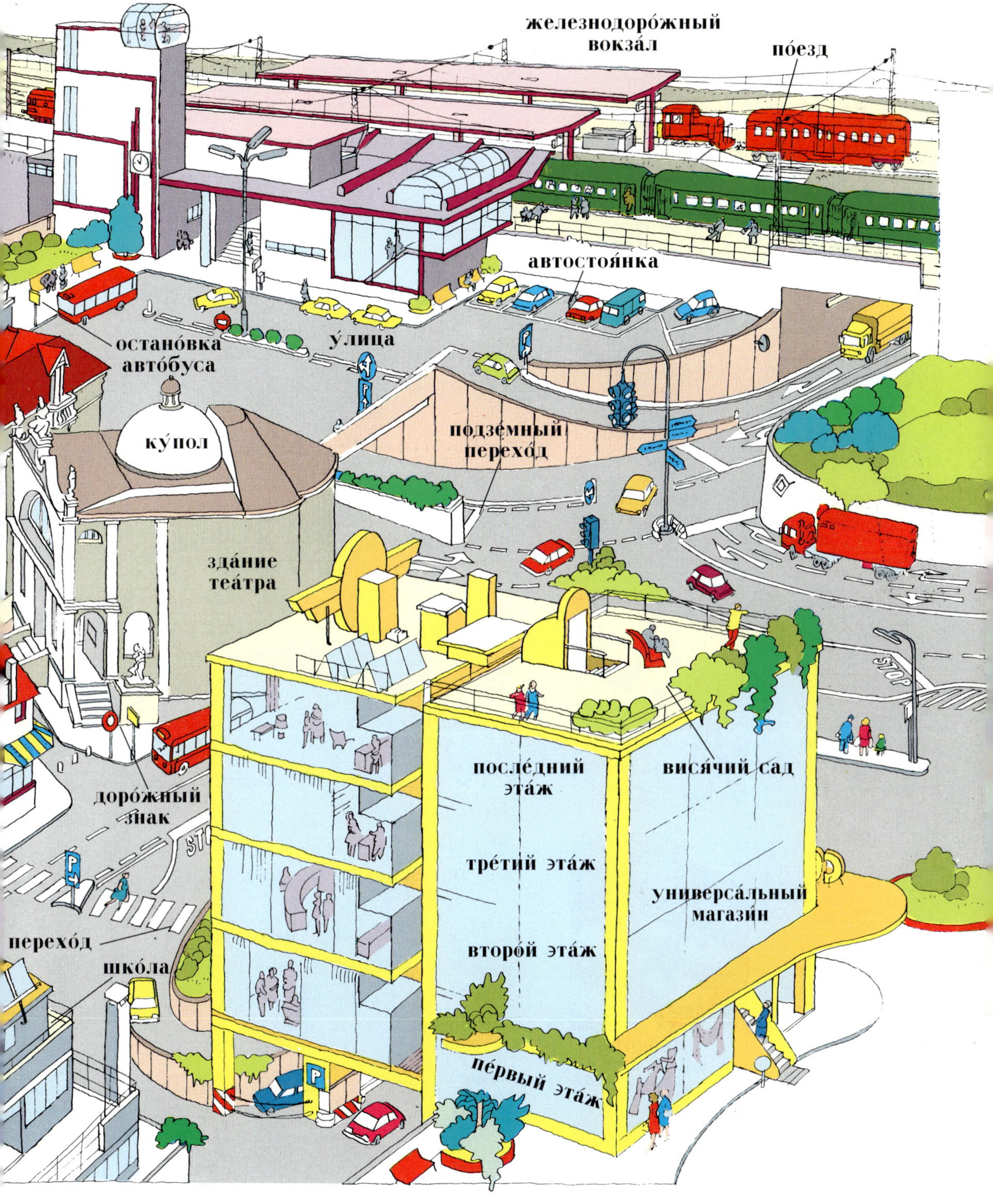

4. Смотре́ть .... магази́нов.
5. Оста́вить маши́ну на ....
6. Покупа́ть в ....

ПРА́ВИЛЬНЫЙ ОТВЕ́Т

1. Где мо́жно запра́виться бензи́ном?

❑ а) в кио́ске

❑ б) на бензоколо́нке

❑ в) на автостоя́нке

2. Ты живёшь на восемна́дцатом этаже́?

❑ а) Да, в прекра́сной ви́лле

❑ б) Да, в небоскрёбе

❑ в) Да, но в до́ме нет ли́фта

3. Прости́те, Театра́льная пло́щадь далеко́ отсю́да?

❑ а) Нет, совсе́м ря́дом, сле́ва

❑ б) Спусти́тесь в подзе́мный перехо́д

❑ в) На балко́не того́ зда́ния

4. Где продаю́т лека́рства?

❑ а) В магази́не “Оде́жда”

❑ б) В ба́шне

❑ в) В апте́ке

5. Вы не зна́ете, где автостоя́нка?

❑ а) На колоко́льне

❑ б) О́коло вокза́ла

❑ в) Вам на́до пойти́ в теа́тр

6. Как прое́хать к автостра́де?

❑ а) Сле́дуйте доро́жным указа́телям

❑ б) Смотри́те вы́вески магази́нов

❑ в) У кио́ска

7. Где здесь почто́вый я́щик?

❑ а) В за́ле музе́я

❑ б) В шко́ле

❑ в) На по́чте

8. Где остано́вка авто́буса?

❑ а) В универма́ге

❑ б) Напро́тив теа́тра

❑ в) На после́днем этаже́

Следу́й одно́й ли́нии, начина́я со вхо́да. Е́сли по пути́ встре́тишь како́й-нибу́дь предме́т, напиши́ подходя́щее к нему́ де́йствие.

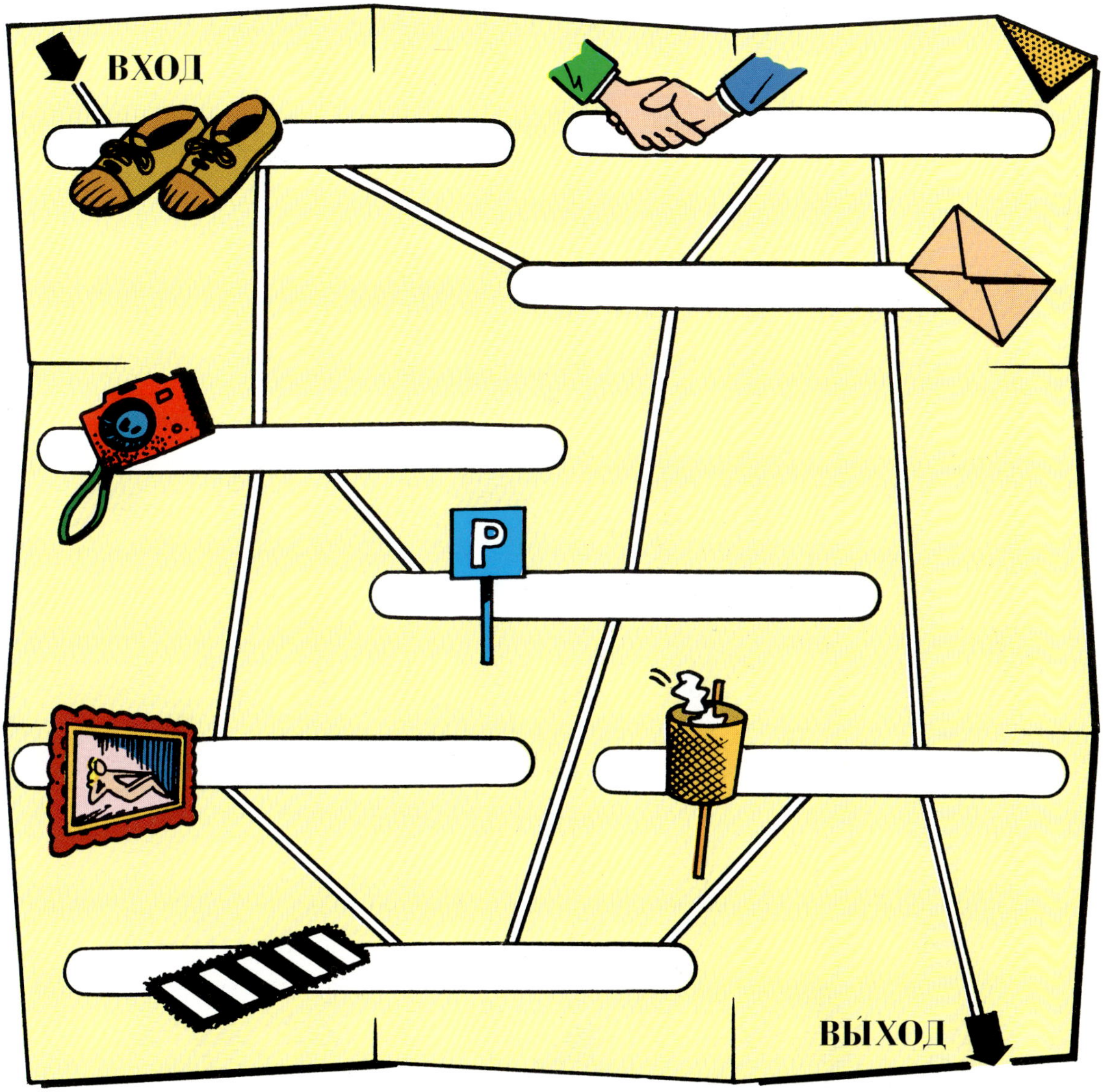

Впиши́ в табли́цу де́йствия из игры́. Тебе́ помо́гут впи́санные бу́квы. В сто́лбике со звёздочкой прочита́ешь фами́лию чемпио́на ми́ра по ша́хматам.

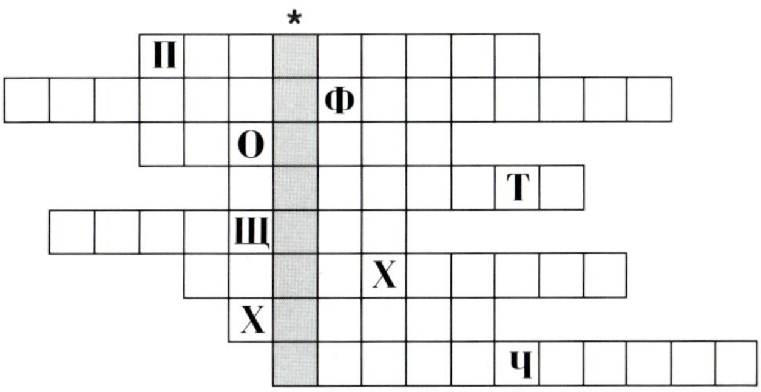

АЭРОПО́РТ И ЖЕЛЕЗНОДОРО́ЖНЫЙ ВОКЗА́Л

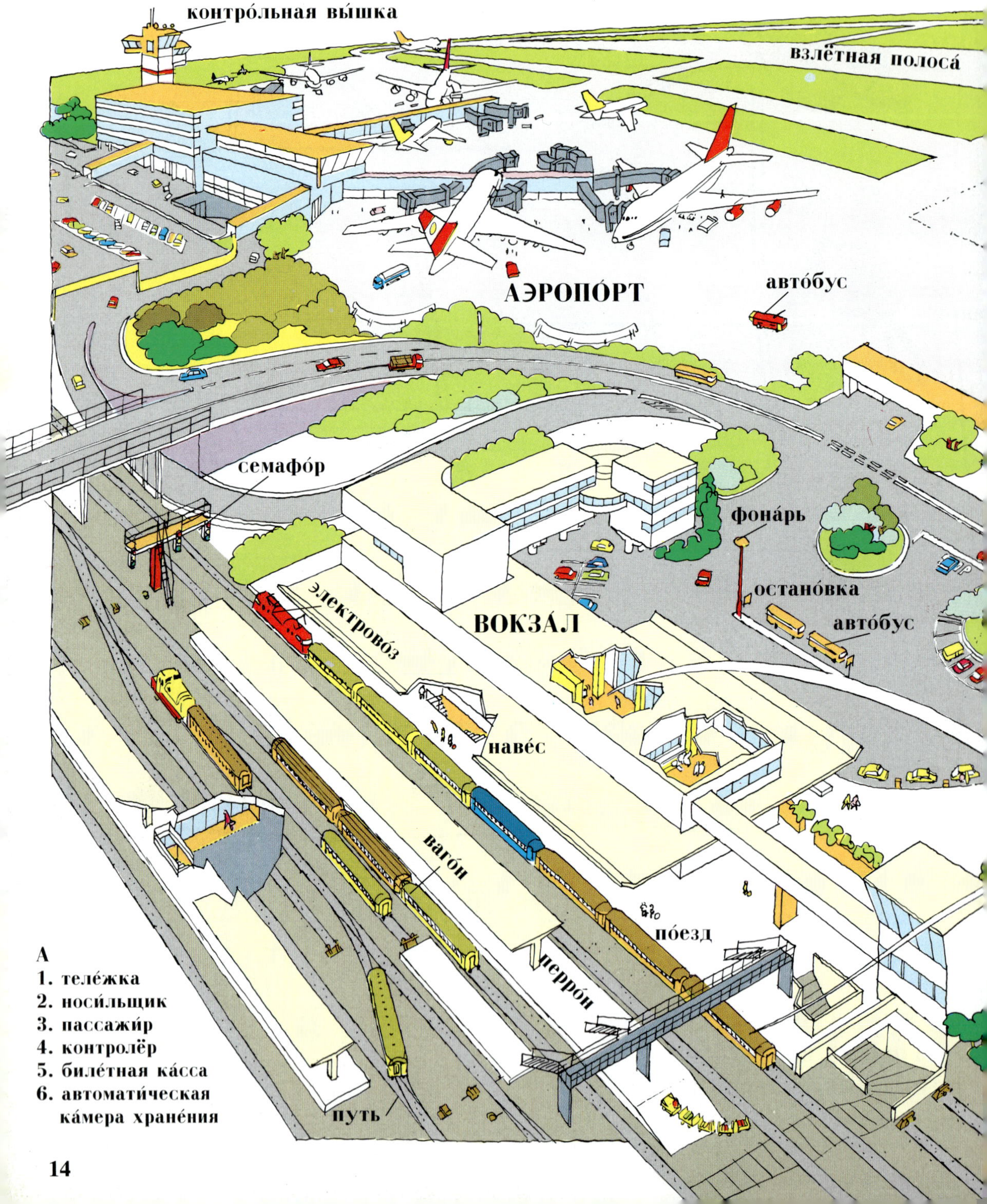

А
1. теле́жка
2. носи́льщик
3. пассажи́р
4. контролёр
5. биле́тная ка́сса
6. автомати́ческая ка́мера хране́ния

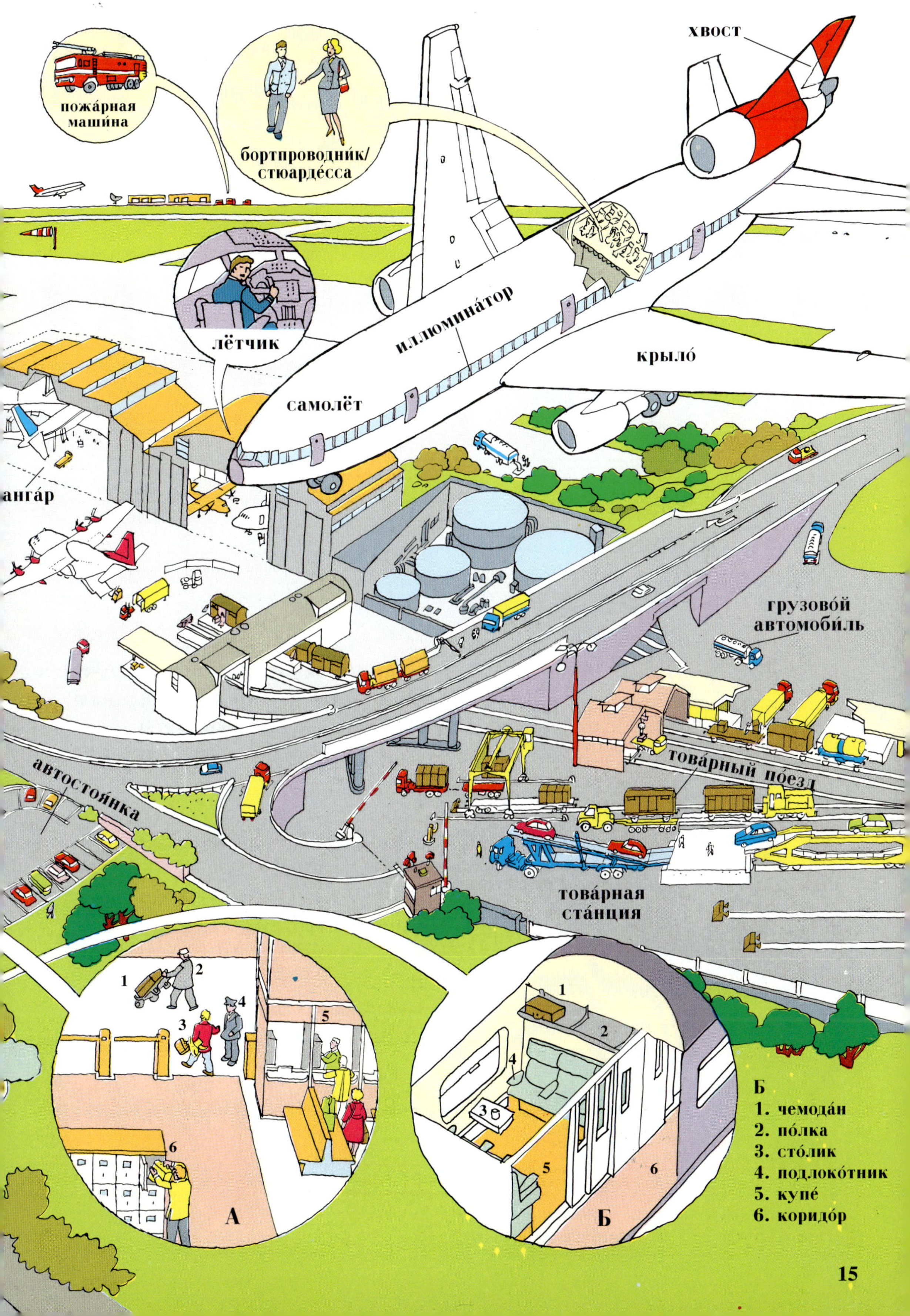

Б
1. чемодáн
2. пóлка
3. стóлик
4. подлокóтник
5. купé
6. коридóр

па́спорт

собира́ть/
собра́ть чемода́н

уезжа́ть/
уе́хать

приезжа́ть/
прие́хать

лете́ть/
лета́ть

приземля́ться/
приземли́ться

путеше́ствовать

проща́ться/
прости́ться

сади́ться/сесть в авто́бус

выходи́ть/вы́йти из авто́буса

ВОЛШЕ́БНЫЕ СТО́ЛБИКИ

Е́сли ве́рно реши́шь кроссво́рд по вертика́ли, то по горизонта́ли жи́рным шри́фтом прочита́ешь назва́ние ти́па по́езда.

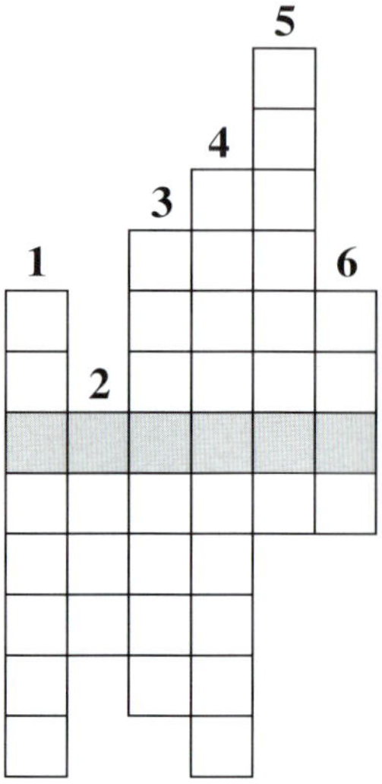

1. Кто по́льзуется все́ми ви́дами тра́нспорта.
2. Отделе́ния в ваго́не.
3. Возду́шный порт.
4. Сопровожда́ет пассажи́ров во вре́мя полёта.
5. По́езд для перево́зки това́ра.
6. Путь самолёта по определённому маршру́ту.

Е́сли найдёшь пра́вильное реше́ние по горизонта́ли и по вертика́ли, то жи́рным шри́фтом поя́вится назва́ние стально́го бру́са, по кото́рому ка́тятся колёса по́езда.

1. Глаго́л движе́ния, обознача́ющий прибы́тие в пункт.
2. Анто́ним глаго́ла "приезжа́ть".
3. Око́шко в самолёте.
4. Глаго́л, обознача́ет де́йствие при вхо́де в авто́бус.
5. Проводни́ца в самолёте.
6. Анто́ним глаго́ла "сади́ться" в авто́бус.

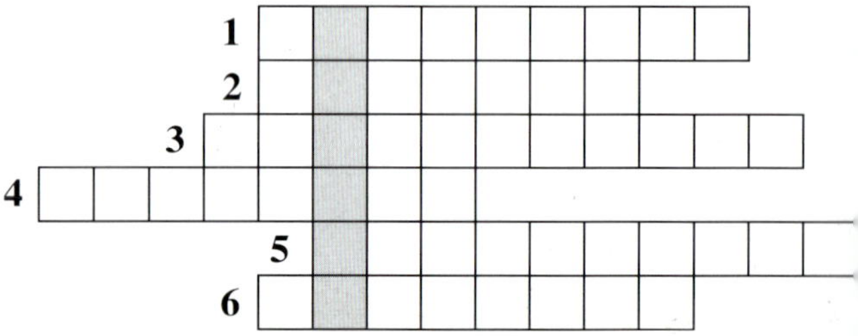

Вме́сто то́чек впиши́ назва́ния предме́тов.

Я собра́л  .... и взял

 .... Пото́м сел в

 ...., что́бы пое́хать в

 .... Мне нра́вится

смотре́ть в  ....

 ....

 .... как всегда́ о́чень любе́зна!

Мне нра́вится профе́ссия  ....

Но рабо́та на  .... то́же интере́сная.

Ой! Я забы́л до́ма  ....!

ПУТЕШЕ́СТВИЕ

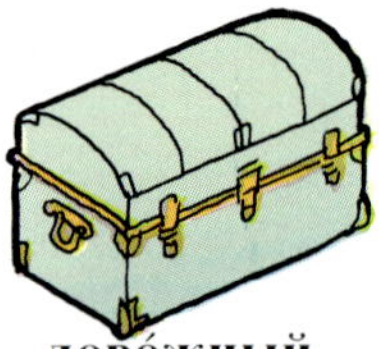
доро́жный чемода́н

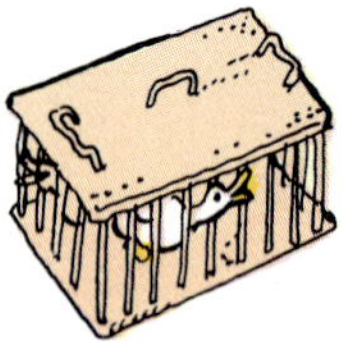
клётка

корзи́на

мешо́к

доро́жная су́мка

чемода́н

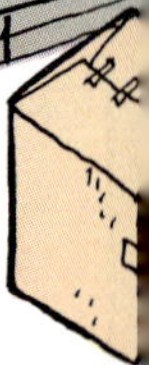
коро́б

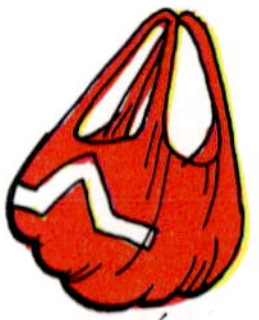
полиэтиле́новый паке́т

портфе́ль

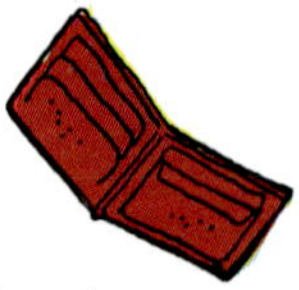
бума́жник

космети́чка

те́рмос

же́нская су́мка

бума́жн
паке́т

Закóнчи предложéния, вставь вмéсто тóчек словá э́той страни́цы.

Какáя рáдость, когдá в семьé решáют поéхать в п...! Сначáла нáдо уложи́ть ч.................... . Положи́ть их в багáжник а.......................... . Мы с брáтом лю́бим смотрéть на д.......................... з.......... и на маши́ны за .... На дорóге мнóго грузовикóв: а........................, т................. . А вот э.......................... а................., котóрые везýт инострáнных тури́стов. Нам óчень нрáвится путешéствовать!

води́ть/вести́

обгоня́ть/обогна́ть

лови́ть попу́тную маши́ну

лови́ть/пойма́ть такси́

сади́ться/сесть в авто́бус

ме́дленно

бы́стро

В табли́це по вертика́ли, по горизонта́ли и диагона́ли ты найдёшь все слова́, да́нные внизу́. Найди́ и вы́черкни их. Из оста́вшихся букв ты узна́ешь назва́ние одного́ из городо́в Росси́и.

Ь	Л	И	Б	О	М	О	Т	В	А	С
В	О	Д	И	Т	Ь	Т	И	В	О	Л
П	У	Т	Е	Ш	Е	С	Т	В	И	Е
О	А	Ф	У	Р	Г	О	Н	П	С	Н
Л	М	К	М	■	Б	Т	З	И	К	П
О	■	О	Е	У	Т	Е	Н	Ж	А	Р
С	С	■	С	У	М	К	А	Д	Т	Б
А	У	А	К	Т	Е	Л	К	Р	■	Г

□□□□□

□□□□□□□□□

- ❑ су́мка
- ❑ автомоби́ль
- ❑ знак
- ❑ лови́ть
- ❑ кле́тка
- ❑ такси́
- ❑ полоса́
- ❑ путеше́ствие
- ❑ авто́бус
- ❑ мост
- ❑ те́рмос
- ❑ води́ть
- ❑ джип
- ❑ фурго́н

Соединѝ то́чки с ци́фрами в возраста́ющем поря́дке. При э́том тебе́ ну́жно бу́дет пропусти́ть не́которые ци́фры. Каки́е? Те, кото́рые отно́сятся к предме́там, кото́рых нет на рису́нках.

1. прицепно́й до́мик
2. космети́чка
3. бума́жник
4. те́рмос
5. виаду́к
6. огражде́ние
7. мешо́к
8. ка́мпер
9. мост
10. джип
11. пункт въе́зда на автостра́ду
12. корзи́на
13. кле́тка
14. паке́т
15. знак
16. чемода́н
17. су́мка
18. автоцисте́рна
19. автомоби́ль
20. прице́п
21. доро́жный чемода́н
22. мотоци́кл
23. перекрёсток
24. грузови́к
25. экскурсио́нный авто́бус

РАБО́ТА

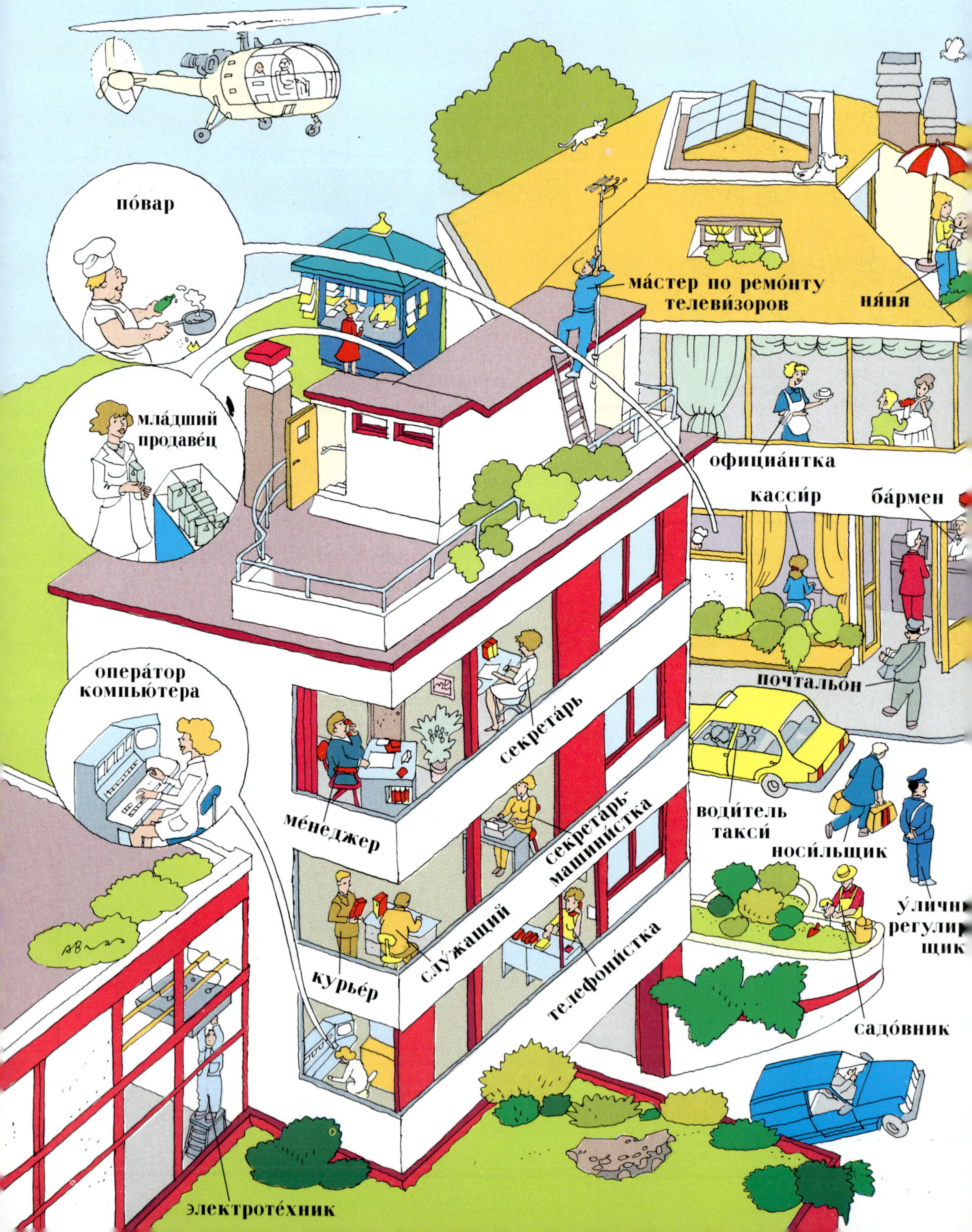
по́вар
мла́дший продаве́ц
опера́тор компью́тера
ма́стер по ремо́нту телеви́зоров
ня́ня
официа́нтка
касси́р
ба́рмен
почтальо́н
секрета́рь
ме́неджер
секрета́рь-машини́стка
слу́жащий
курье́р
телефони́стка
води́тель такси́
носи́льщик
у́личн
регули
щик
садо́вник
электроте́хник

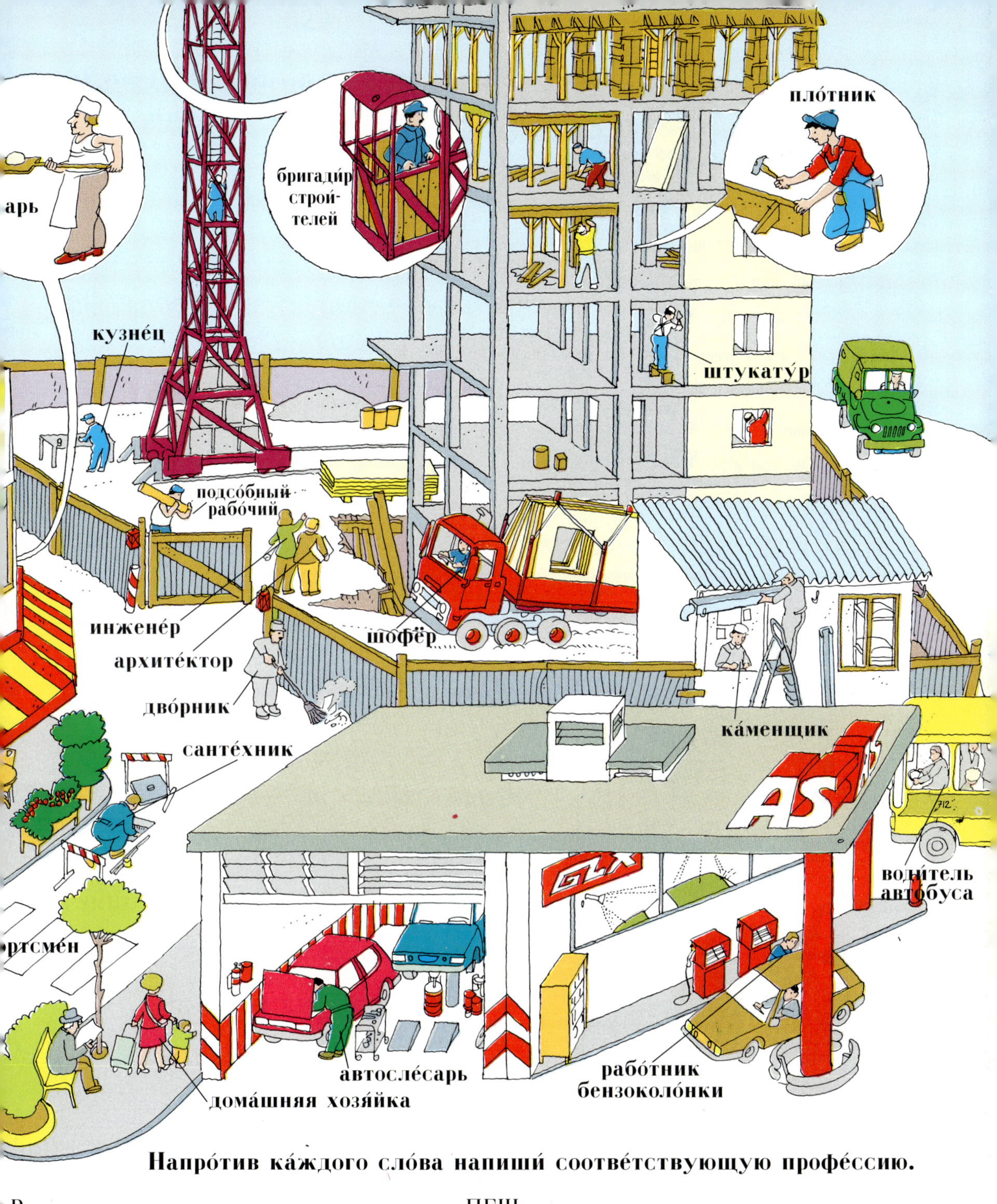

Напро́тив ка́ждого сло́ва напиши́ соотве́тствующую профе́ссию.

АР	ПЕЧЬ ....
РИ́ТЬ	ДВОР ....
А́МЕНЬ	ТЕЛЕФО́Н ....
АКСИ́	ВОДИ́ТЬ ....
РОДАВА́ТЬ	СПОРТ ....
ОМ	КА́ССА ....

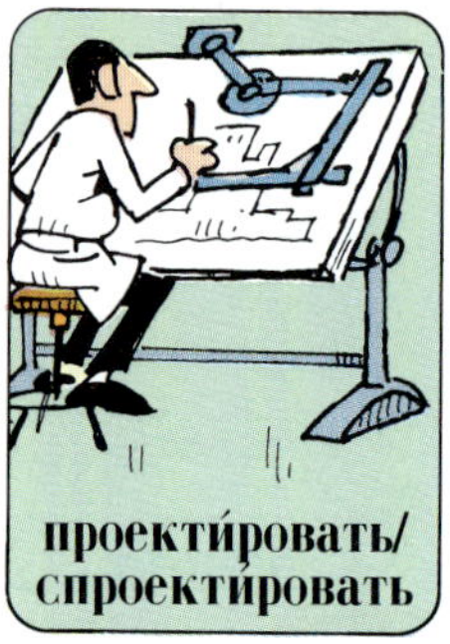

Зако́нчи диало́ги. Испо́льзуй предложе́ния, данные внизу́.

Па́вел: Кем рабо́тает твой оте́ц?

Ди́ма: ....?

Па́вел: А мой оте́ц рабо́тает на бензоколо́нке.

Ди́ма: ....

Па́вел: Да, но ему́ не нра́вится э́та рабо́та.

Ди́ма: ....?

Па́вел: Он лю́бит путеше́ствовать...

Ди́ма: ....

Па́вел: Бы́ло бы здо́рово!

Ди́ма: ....?

Па́вел: Нет, она́ - дома́шняя хозя́йка.

Ди́ма: ....

Па́вел: Она́ секрета́рь-машини́стка?

Ди́ма: ....

Па́вел: Хоро́шая рабо́та!

Ди́ма: ....

Да, интере́сная. - Он мо́жет стать води́телем авто́буса. - А моя печа́тает на маши́нке. - А кака́я рабо́та ему́ нра́вится? - Да, рабо́тает в о́фисе. - Архите́ктором. А твой? - А твоя́ ма́ма рабо́тает? - Зна́чит, он рабо́тник бензоколо́нки.

ВСЕ НА РАБО́ТУ!

С ве́рхней кле́тки с назва́нием профе́ссии тебе́ на́до дойти́ до ни́жней с предме́тами, испо́льзуемыми при рабо́те. Бу́квы, че́рез кото́рые ты пройдёшь, даду́т де́йствия ка́ждой профе́ссии.

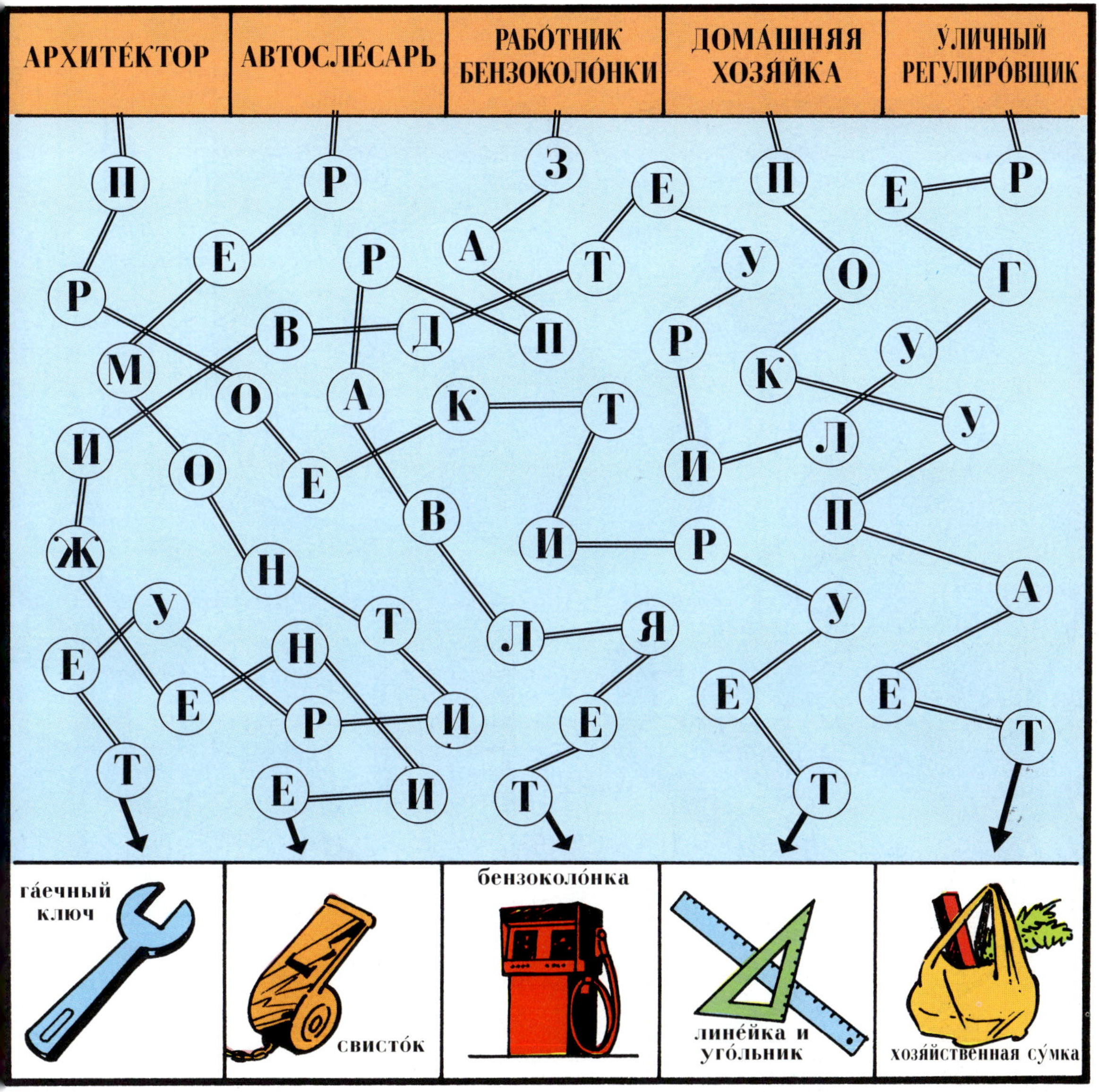

А сейча́с допо́лни сле́дующие предложе́ния, испо́льзуя слова́ из лабири́нта:

1. Архите́ктор п...................... го́род. В рабо́те по́льзуется л.................. и у.......................... .
2. Автосле́сарь р................. маши́ну и по́льзуется г............ к............. .
3. Рабо́тник бензоколо́нки з.......................... бак автомоби́ля.
4. Дома́шняя хозя́йка п............... проду́кты и кладёт их в х...................... с......... .
5. Регулиро́вщик р................ у́личное .... и свисти́т в с..................... .

ЖИЛИЩЕ

ра́нчо
небоскрёб
да́ча
стари́нное здание
а́ттик/ манса́рда
терра́са
этажи́
совреме́нное зда́ние
кварти́ра
балко́н
ви́лла
бассе́йн

Внима́тельно посмотри́ на э́ти рису́нки. Како́й карти́нке соотве́тствуют э́ти определе́ния:

1. Мо́жно пря́таться в гора́х _ _ _ _ _ _ _
2. Дом за́ городом _ _ _ _
3. Стари́нное сооруже́ние, окружённое ва́лом _ _ _ _ _
4. Жила́я пло́щадь ме́жду после́дним этажо́м и кры́шей _ _ _ _ _ _ _ _
5. Многоэта́жное зда́ние _ _ _ _ _ _ _ _ _ _
6. Дом для вре́менного прожива́ния с одноме́стными или многоме́стными номера́ми _ _ _ _ _ _ _ _ _ _

большо́й/ма́ленький

дли́нный/коро́ткий

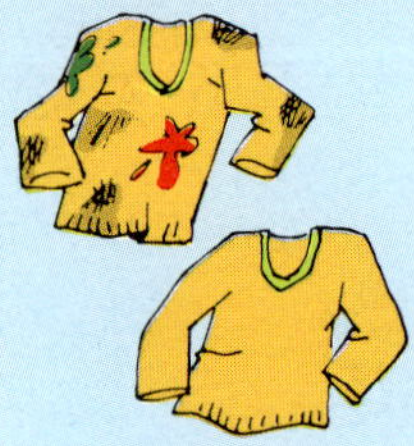

гря́зный/чи́стый

но́вый/ста́рый

поря́док/беспоря́док

тепло́/хо́лодно

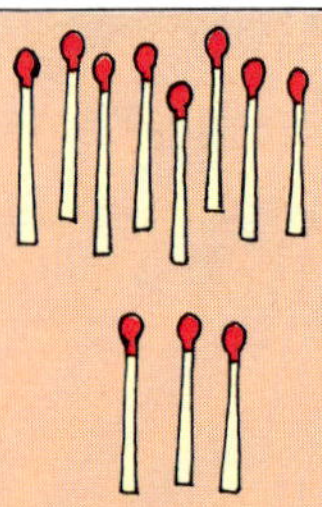

мно́го/ма́ло

у́зкий/широ́кий

кру́глый/квадра́тный

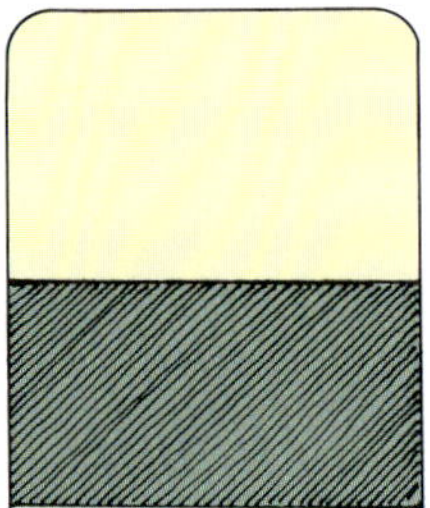

све́тлый/тёмный

Подчеркни́ ве́рное сло́во и вы́черкни неве́рное.

1. У меня́ **ста́рая/но́вая** кварти́ра: её постро́или неда́вно.

2. У нас **большо́й/ма́ленький** бассе́йн - то́лько для дете́й.

3. Моя́ сестра́ не ста́вит на ме́сто свои́ игру́шки. В её ко́мнате всегда́ **поря́док/беспоря́док**.

4. Гости́ница, в кото́рой мы останови́лись, о́чень **чи́стая/гря́зная**. Клие́нты о́чень дово́льны.

5. Мне нра́вится чита́ть. Когда́ я е́зжу отдыха́ть, я беру́ с собо́й **мно́го/ма́ло** книг.

6. В на́шей ку́хне **кру́глый/квадра́тный** сто́л . Име́ет четы́ре сто́роны.

7. Зимо́й хо́лодно. Лу́чше надева́ть **коро́ткое/дли́нное** пальто́.

8. В моёй ко́мнате всегда́ **тепло́/хо́лодно**. Она́ нахо́дится на со́лнечной стороне́.

9. У нас **широ́кий/у́зкий** гара́ж. Туда́ вмеща́ются четы́ре маши́ны.

10. Па́вел - блонди́н. У него́ **све́тлые/тёмные** во́лосы.

Вставь бу́квы. Закра́сь то́лько те места ни́жнего рису́нка, ци́фры кото́рых соотве́тствуют рису́нкам справа. Что появи́тся?

1. Т_Р_А_А
2. З_А_И_
3. К_М_Е_
4. У_Е_И_Е
5. Б_С_Е_Н
6. О_Е_О
7. З_М_К
8. Г_Р_Ж
9. С_Д
10. Ф_Р_А
11. М_Т_Л_
12. Н_В_С
13. Л_С
14. Н_Б_С_Р_Б

НАШ ДОМ

Распредели́ э́ти слова́ по ко́мнатам кварти́ры:

КУ́ХНЯ	ПРИХО́ЖАЯ
....	....
....	....
....	....

❑ гу́бка ❑ холоди́льник ❑ кре́сло ❑ ле́стница ❑ душ ❑ цвето́чный горшо́к ❑ расчёска ❑ ками́н ❑ платяно́й шкаф ❑ ступе́ньки ❑ мо́йка ❑ крова́ть ❑ карти́на ❑ ту́мбочка ❑ коридо́р ❑ ко́врик ❑ ва́нна ❑ гара́ж

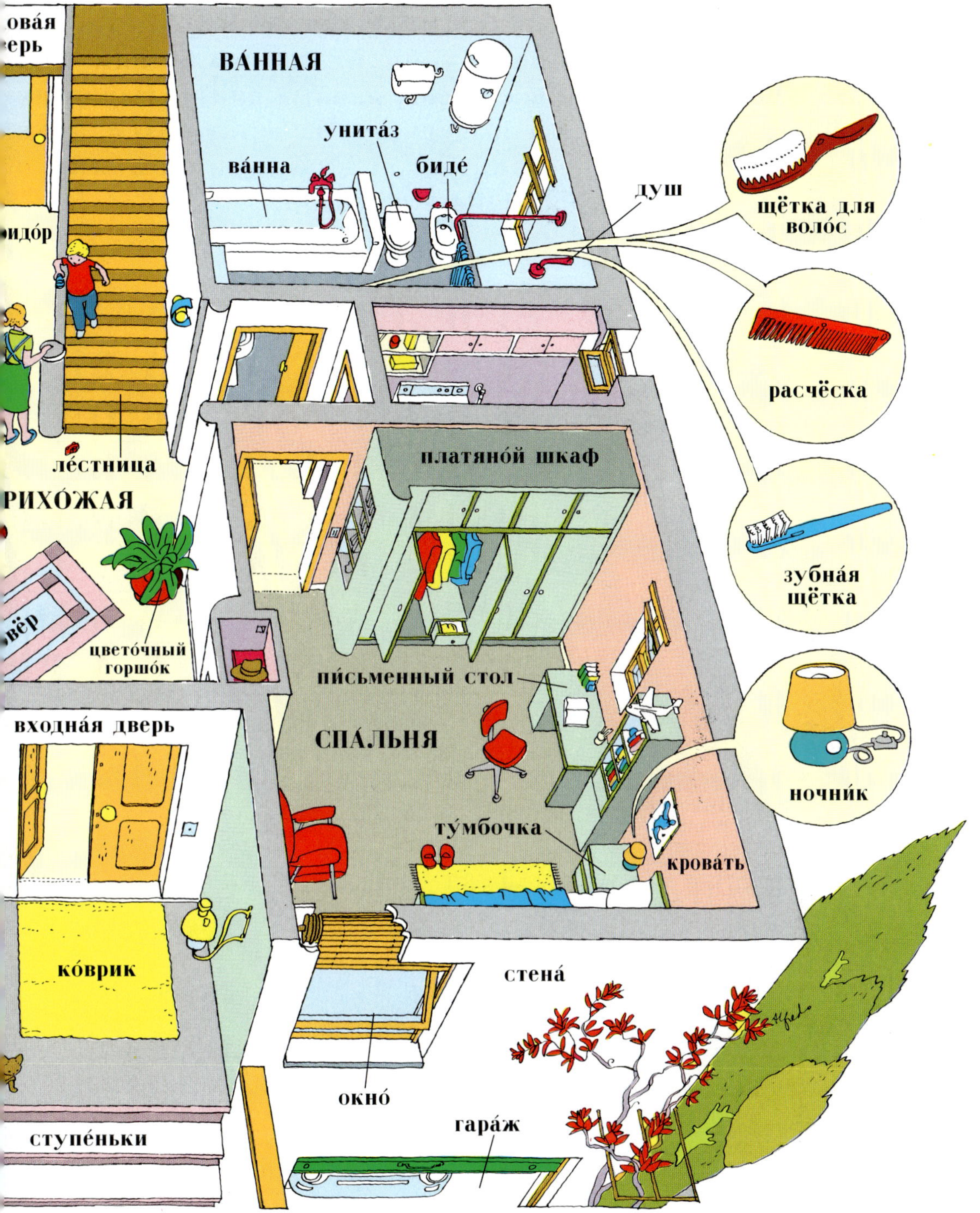

ВО ДВОРЕ́ | **ВА́ННАЯ** | **СПА́ЛЬНЯ** | **ГОСТИ́НАЯ**

....

....

....

крыша

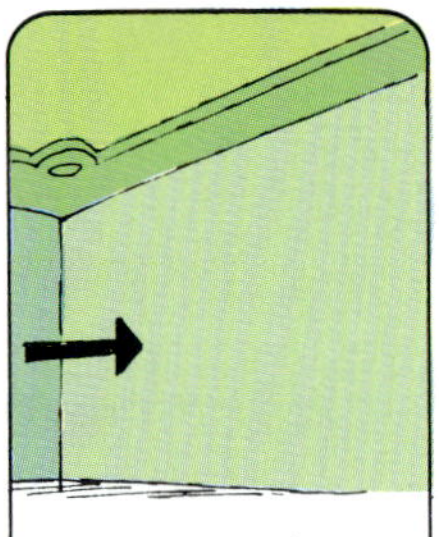

стена́

пол

о́кна

дверь

звони́ть/позвони́ть в дверь

ложи́ться/ лечь спать

просыпа́ться/ просну́ться

встава́ть/ встать

умыва́ться/ умы́ться

В табли́це по горизонта́ли, по вертика́ли и диагона́ли впи́саны все слова́, да́нные внизу́. Найди́ их и вы́черкни. Из оста́вшихся букв узна́ешь назва́ние вре́менного жили́ща из тка́ни.

Д	П	Л	У	Н	И	Т	А	З	■
Ж	А	Р	А	Г	А	З	А	В	Л
■	П	С	С	М	Р	Ё	В	О	К
Ф	О	Р	Т	Е	П	И	А	Н	О
О	Л	С	Е	Р	К	А	М	И	Н
К	У	Х	Н	Я	А	Л	О	Т	С
Т	Т	К	А	К	Й	О	М	Ь	■
А	С	А	К	С	Ё	Ч	С	А	Р

- ❑ сад
- ❑ унита́з
- ❑ гара́ж
- ❑ ла́мпа
- ❑ газ
- ❑ ковёр
- ❑ звони́ть
- ❑ стул
- ❑ фортепиа́но
- ❑ пол
- ❑ стена́
- ❑ кре́сло
- ❑ ками́н
- ❑ ку́хня
- ❑ стол
- ❑ расчёска
- ❑ мо́йка

Найди́ пять предме́тов, нарисо́ванных вверху́: они́ спря́таны на рису́нке. Зате́м зако́нчи предложе́ния с описа́нием расположе́ния на́йденных предме́тов.

1. _ _ _ _ _ _ _ под т_ _ _ _ _ _ _ _ _ _ _ _ _ _.
2. _ _ _ _ _ _ _ о́коло о_ _ _.
3. _ _ _ _ _ _ _ _ _ _ _ _ над ш_ _ _ _ _ _ _ _ _.
4. _ _ _ _ _ _ _ ме́жду д_ _ _ _ _ _ _ и т_ _ _ _ _ _ _ _ _ _ _ _ _ _.
5. _ _ _ _ _ _ _ _ _ _ _ _ _ _ _ _ под д_ _ _ _ _ _ _ _ _.

ШВЕ́ДСКИЙ СТОЛ

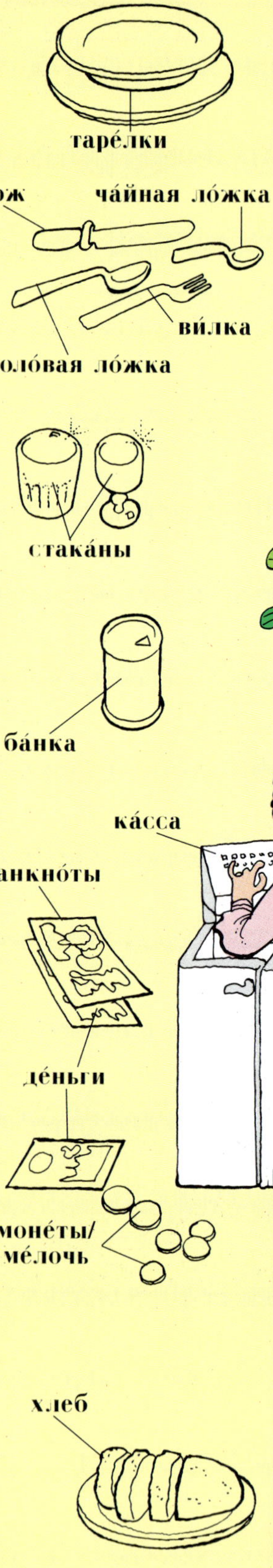

Испо́льзуй слова́ э́той карти́нки. Впиши́ их в предложе́ния и соста́вь небольшо́й расска́з.

Вчера́ впервы́е с роди́телями я ходи́л в кафе́-самообслу́живание, и́ли, как его́ ещё называ́ют - шве́дский стол. Там бы́ло мно́го к_ _ _ _ _ _ _ и пришло́сь стоя́ть в дли́нной о́_ _ _ _ _ _. Мой оте́ц вы́бил чек в к_ _ _ _. Ка́ждый из нас взял п_ _ _ _ _ и вы́брал ра́зные б_ _ _ _. Я, наприме́р, вы́брал моё люби́мое - котле́ты и жа́реную карто́шку.

Пото́м мы се́ли за _ _ _ _ и на́чали есть с больши́м аппети́том.

гото́вить/ пригото́вить

есть/съесть

жева́ть

пить/вы́пить

разреза́ть/ разре́зать

налива́ть/ нали́ть

подава́ть/ пода́ть

быть на дие́те

проголода́ться

хоте́ть пить

Са́ша хо́чет написа́ть своему́ дру́гу то, что уви́дел в шве́дском столе́. В письме́ он допусти́л оши́бки. Помоги́ ему́. Поста́вь кре́стики на отве́тах ве́рно/неве́рно:

	ВЕ́РНО	НЕВЕ́Р
1. За столо́м сидя́т четы́ре челове́ка.	❑	❑
2. Официа́нтка подаёт горя́чие блю́да.	❑	❑
3. Же́нщина за столо́м хо́чет пить.	❑	❑
4. На сто́йке стоя́т напи́тки и ва́за с фру́ктами.	❑	❑
5. На столе́ нет ска́терти и салфе́ток.	❑	❑
6. Мужчи́на в очка́х хо́чет есть и зовёт официа́нта.	❑	❑
7. На подно́се лежи́т кусо́чек то́рта.	❑	❑
8. Молодо́й челове́к распла́чивается за обе́д.	❑	❑
9. По́вар гото́вит еду́.	❑	❑
10. Оте́ц и сын смо́трят меню́ и выбира́ют блю́да.	❑	❑
11. Касси́р вы́шел.	❑	❑
12. Официа́нт открыва́ет буты́лку што́пором.	❑	❑

Каки́х 10 предме́тов нет на пра́вом рису́нке?

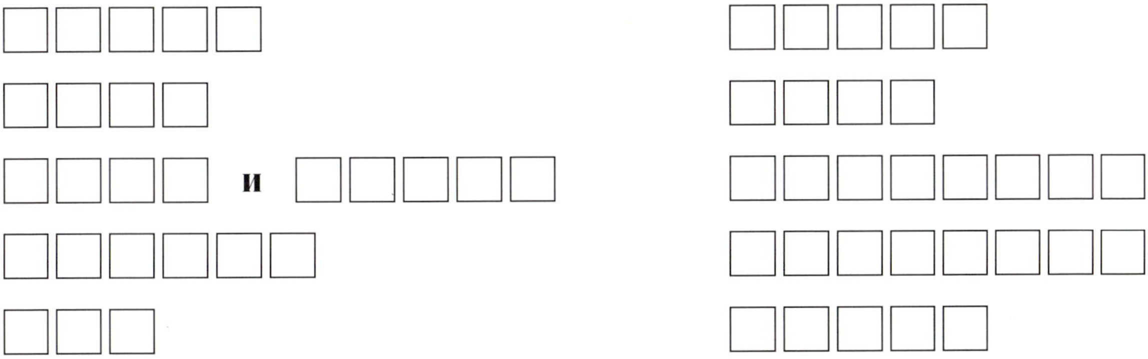

УНИВЕРСА́М

автофурго́н
бума́жник
де́ньги
вход
коро́бки
мя́со
напи́тки
теле́жка
па́чки
вы́ход
ка́сса
полиэтиле́новый паке́т

Ты запо́мнил слова́ э́той карти́нки? Отве́ть на вопро́сы, испо́льзуя пра́вильные предло́ги.

1. Куда́ кладёт де́ньги твой оте́ц? ....
2. А касси́рша? ....
3. Где нахо́дятся проду́кты в универса́ме? ....
4. Куда́ покупа́тели кладу́т поку́пки в за́ле универса́ма? ....
5. ...А когда́ выхо́дят из универса́ма? ....

бу́лочная

конди́терская

магази́н "О́вощи-фру́кты"

магази́н "Ры́ба"

мясно́й магази́н

магази́н "Цветы́"

газе́тный кио́ск

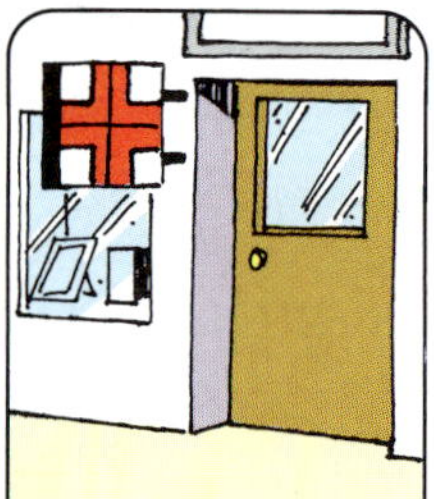

апте́ка

магази́н "Оде́жда"

кни́жный магази́н

Соста́вь соотве́тствующие па́ры из слов пра́вого и ле́вого сто́лбика. Образе́ц: 1-Г

1. О́вощи	А. Дире́ктор магази́на
2. Су́мка	Б. Па́чка
3. Питьё	В. Проду́кты
4. Продаве́ц	Г. Зе́лень
5. Бума́жник	Д. Паке́т
6. Клие́нт	Е. Сто́имость
7. Цена́	Ж. Напи́ток
8. Коро́бка	З. Кошелёк
9. Пи́ща	И. Валю́та
10. Де́ньги	К. Покупа́тель

Впиши́ соотве́тствующие определе́ниям слова́. В сто́лбике со звёздочкой поя́вится назва́ние продукто́вого магази́на.

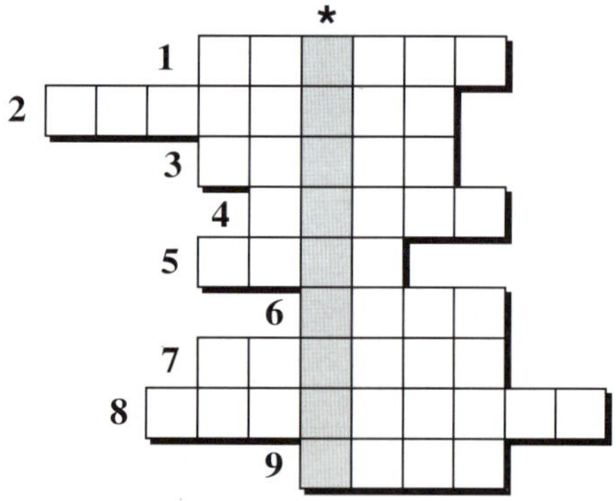

1. Это я́блоки и бана́ны.
2. Их покупа́ют в конди́терском магази́не.
3. Их продаю́т в кни́жном магази́не.
4. Э́то ро́зы и рома́шки.
5. Выпека́ет пе́карь.
6. Живёт то́лько в воде́.
7. Сиди́т у вы́хода из магази́на и получа́ет де́ньги с покупа́телей.
8. Покупа́ют в апте́ке.
9. Продаётся в мясно́м магази́не.

Ты смóжешь вы́йти из универсáма? Начни́ со вхóда, слéдуй по ли́нии, укáзывающей предмéты.

РЫ́НОК

я́блоки
пе́рсики
лимо́ны
клубни́ка
чере́шня
апельси́ны
инжи́р
гру́ши
виногра́д
кашта́ны
ды́ня
арбу́з
бана́ны
анана́с
моро́женое
хлеб
торт
конфе́ты
леденцы́
варе́нье
шокола́д
кре́ндель
пиро́жные
караме́ль

В кáждом ряду́ слов есть однó "чужóе" слóво: найди́ егó и впиши́ в "свой" ряд.

1. ФРУ́КТЫ: я́блоки, пе́рсики, леденцы́, виногрáд, банáны ....
2. РЫ́БА: кáмбала, каракáтицы, угри́, осьминóги, капу́ста ....
3. ÓВОЩИ: салáт-латýк, рáки, фасóль, пе́рец, фе́нхель ....
4. СЛА́ДОСТИ: карамéль, торт, ды́ня, морóженое, шоколáд ....

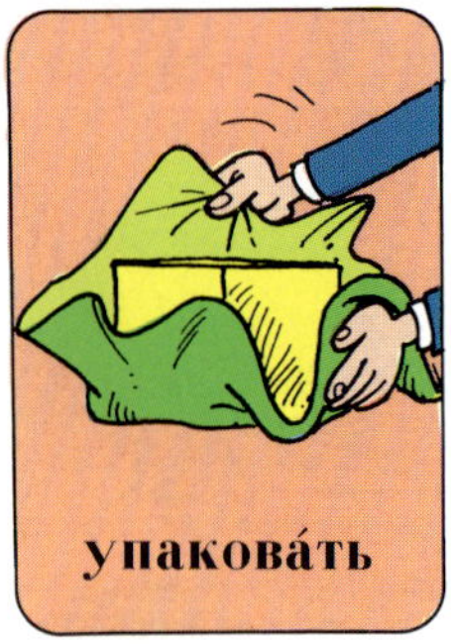

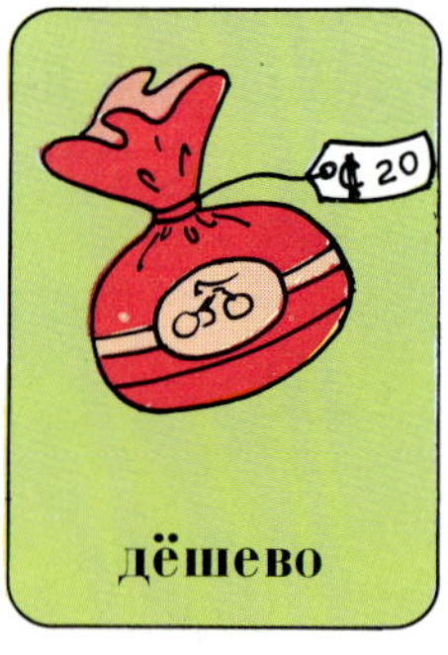

ПРА́ВИЛЬНЫЙ ОТВЕ́Т

1. Сино́ним глаго́ла "дава́ть":
- ❑ а) упакова́ть
- ❑ б) плати́ть
- ❑ в) дари́ть

2. Продаётся и в све́жем и в заморо́женном ви́д
- ❑ а) леденцы́
- ❑ б) ры́ба
- ❑ в) хлеб

3. Продаве́ц взве́шивает:
- ❑ а) моро́женое
- ❑ б) колбасу́
- ❑ в) чесно́к

4. Ци́трусовый жёлтого цве́та, ки́слый на вку
- ❑ а) лимо́н
- ❑ б) конфе́та
- ❑ в) анана́с

5. Продаётся в упако́ванном ви́де:
- ❑ а) арбу́з
- ❑ б) моро́женое
- ❑ в) ветчина́

6. Сла́дость:
- ❑ а) рак
- ❑ б) варе́нье
- ❑ в) лук

7. О́вощ:
- ❑ а) караме́ль
- ❑ б) сала́т
- ❑ в) виногра́д

8. Продаю́тся в магази́не "Ры́ба":
- ❑ а) ра́ки
- ❑ б) горо́х
- ❑ в) фе́нхель

9. Тропи́ческий плод:
- ❑ а) кашта́ны
- ❑ б) я́блоки
- ❑ в) анана́с

10. Анто́ним сло́ва "дорого́й":
- ❑ а) све́жий
- ❑ б) дешёвый
- ❑ в) ма́ло

Впиши́ в кле́точки назва́ния предме́тов на рису́нке. Ка́ждому рису́нку соотве́тствует но́мер.

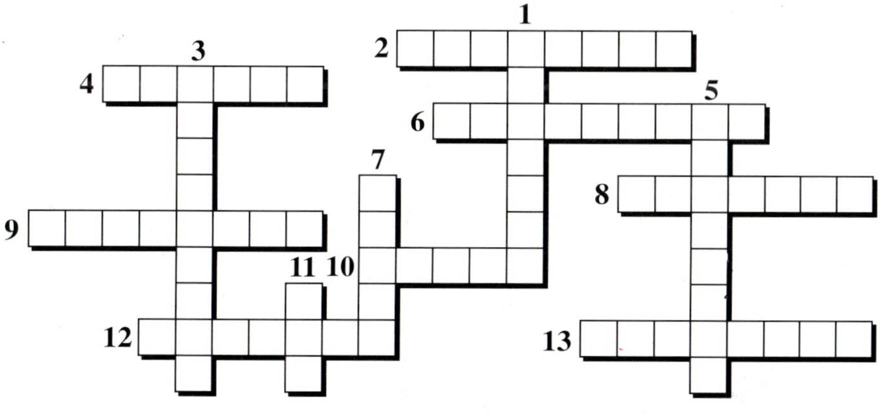

В КЛА́ССЕ

класс
книги
календа́рь
завхо́з
ве́шалка
географи́ческ
ка́рта
доска́
кни́жная
по́лка
слова́рь
корзи́на
для
бума́ги
учени́к
ру́чка
учи́тель
стол
учи́теля
мел
стул
гу́бка

Соста́вь расска́з по э́той карти́нке.

Сего́дня - пе́рвый день шко́льных заня́тий. Дете́й встреча́ет _ _ _ _ _ _ _ _ и сопровожда́ет их в _ _ _ _ _. Учи́тель сади́тся за _ _ _ _. Са́ша сиди́т за _ _ _ _ _ _, достаёт из _ _ _ _ _ _ _ _ _ _ но́вые _ _ _ _ _ _ _ _. Учи́тель пове́сил пальто́ на _ _ _ _ _ _ _ _. Оди́н из _ _ _ _ _ _ _ _ _ _ пи́шет на _ _ _ _ _ да́ту - 1 сентября́. Зада́ния на́ дом Са́ша аккура́тно запи́сывает в _ _ _ _ _ _ _ _. На уро́ке он по́льзуется _ _ _ _ _ _ _ _ _ _, что́бы найти́ значе́ние тру́дных слов. А _ и _ _ _ _ _ _ помо́гут ему́ в геогра́фии.

КРОССВО́РД

Реши́ кроссво́рд. Коли́чество букв помо́жет тебе́.

чита́ть/ прочита́ть

писа́ть/ написа́ть

говори́ть/ сказа́ть

ду́мать/ поду́мать

слу́шать/ послу́шать

учи́ть/вы́учить уро́ки

смотре́ть/ посмотре́ть

рисова́ть/ нарисова́ть

легко́

тру́дно

3 бу́квы

❑ мел

4 бу́квы

❑ стул

5 букв

❑ ру́чка
❑ класс
❑ па́рта
❑ кни́га
❑ доска́

6 букв

❑ гло́бус
❑ учени́к

7 букв

❑ слу́шать
❑ тетра́дь
❑ слова́рь

8 букв

❑ смотре́т
❑ портфе́л
❑ рисова́т
❑ каранда́

Определи́, кому́ из говоря́щих принадлежа́т да́нные внизу́ предложе́ния.

Д

Е

Ж

З

1. “Мне надое́ло учи́ть уро́ки!” ☐
2. “Почита́ю э́ту кни́гу.” ☐
3. “Э́то географи́ческая ка́рта Ю́жной Аме́рики.” ☐
4. “Послу́шай, как пою́т пти́чки!” ☐
5. “Я люблю́ рисова́ть.” ☐
6. “Не пиши́ в мое́й тетра́ди!” ☐
7. “Отве́ть на мой вопро́с!” ☐
8. “Больша́я переме́на!” ☐

О́ФИС

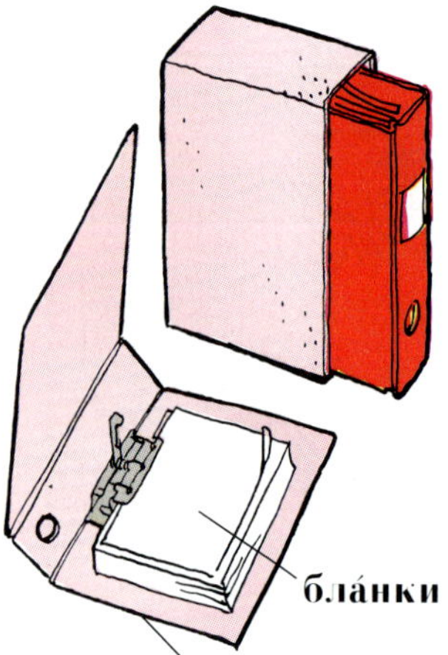

бла́нки
скоросшива́тель

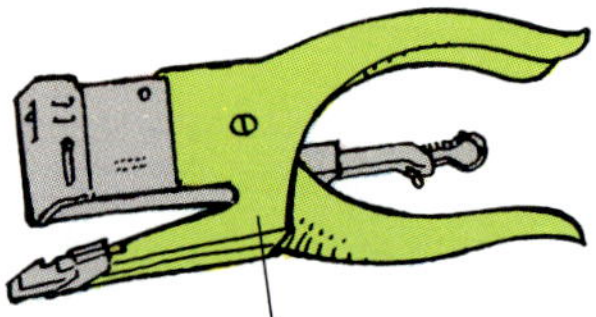

скрепи́тель

портфе́ль

руло́ны
бума́ги
компью́тер
машини́стка
пи́шущ
маши́н
телефони́стка
пи́сьменный
стол

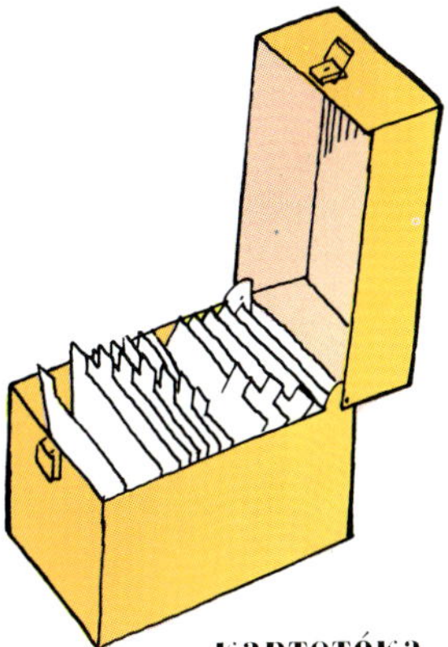

картотéка

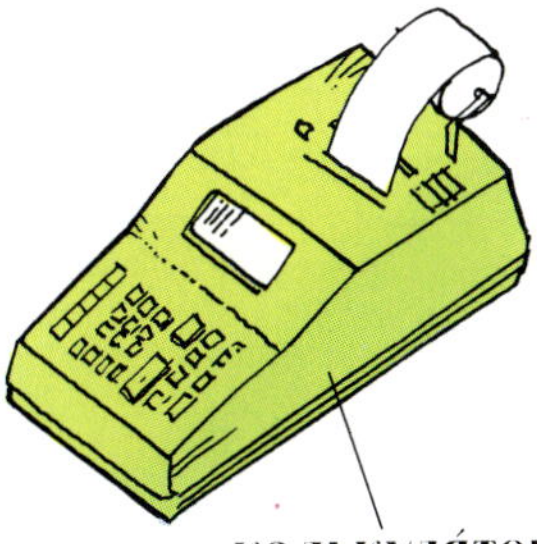

калькулятор

откиднóй календáрь

Составь пáры из слов лéвого и прáвого стóлбика. Образýй корóткие предложéния, испóльзуя слéдующие глагóлы: отвечáть, печáтать, разносúть, хранúться, размножáть, подпúсывать, разговáривать.

1. телефонúстка	а) пúшущая машúнка	*Образéц: телефонúстка отвечáет на звонкú*
2. машинúстка	б) пóчта	....
3. курьéр	в) звонкú	....
4. дирéктор	г) прикáзы	....
5. копировáльная машúна	д) докумéнты	....
6. секретарь	е) по телефóну	....
7. в скоросшивáтеле	ж) протокóл	....

Зако́нчи сле́дующие предложе́ния, вписа́в слова́ в пра́вильной фо́рме.

1. Машини́стка п................. письмо́ на п......................... м..................... .

2. Слу́жащий о......................... на рабо́ту.

3. Курье́р с утра́ р.........................
пи́сьма.

4. Дире́ктор о́чень пунктуа́лен. Он прихо́дит на рабо́ту в......................... .

5. Телефони́стка с......................... за пи́сьменным столо́м.

6. Секрета́рь .... к т............................. слу́жащего.

7. Посети́тель с............................... у пи́сьменного стола́ дире́ктора.

8. Дире́ктор .... посети́теля с секретарём.

9. Дире́ктор .... за свой рабо́чий стол.

10. Курье́р ушёл на по́чту. Он до́лжен .... корреспонде́нцию.

Реши́ кроссво́рд. Рису́нки помо́гут тебе́. Тебе́ помо́гут та́кже длина́ кле́точек, ра́вная коли́честву букв.

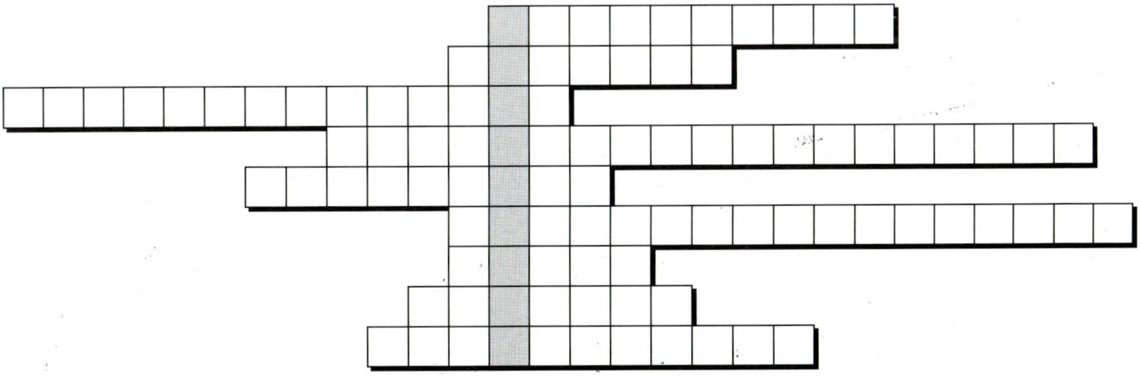

МО́ДА

шля́па
плащ
бере́т
ку́ртка-ветро́вка
вече́рнее
пла́тье
брю́ки
же́нские
ту́фли
га́лстук
сапоги́
ко́жаная
ку́ртка
костю́м
мужска́я шля́па
мужски́е ту́фли

Зако́нчи сле́дующие предложе́ния, испо́льзуя слова́ э́той карти́нки и глаго́лы “носи́ть” и “надева́ть” в пра́вильной фо́рме:

1. Когда́ идёт дождь, лю́ди ....
2. Зимо́й мы ....
3. Я .... , е́сли на у́лице хо́лодно.
4. Е́сли боли́т го́рло, на́до ....
5. Когда́ мой брат е́здит на мотоци́кле, ...
6. Ле́том вы ....
7. Что́бы не испо́ртить причёску при си́льном ве́тре ты..
8. В теа́тр мои́ ста́ршие сёстры ....

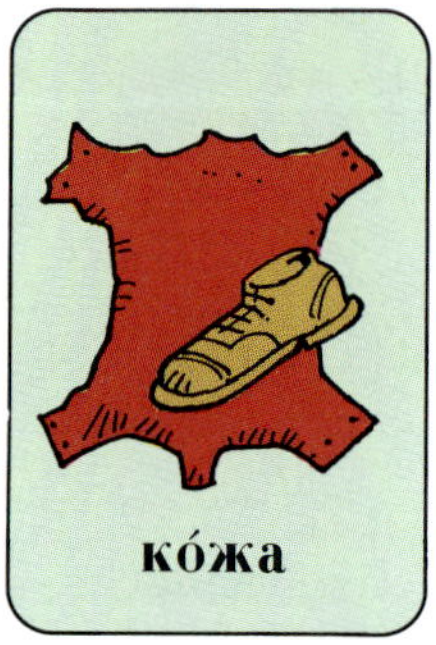

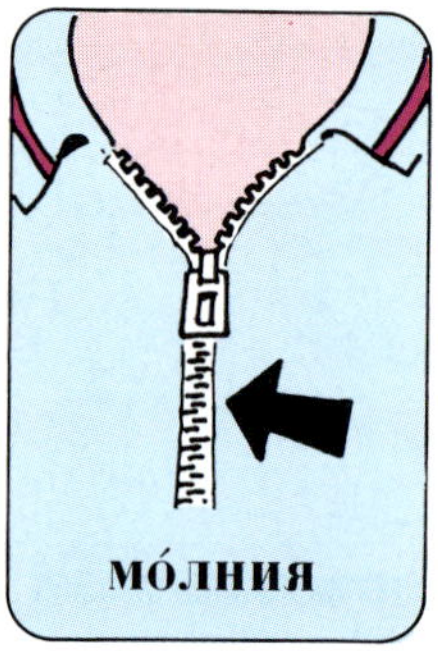

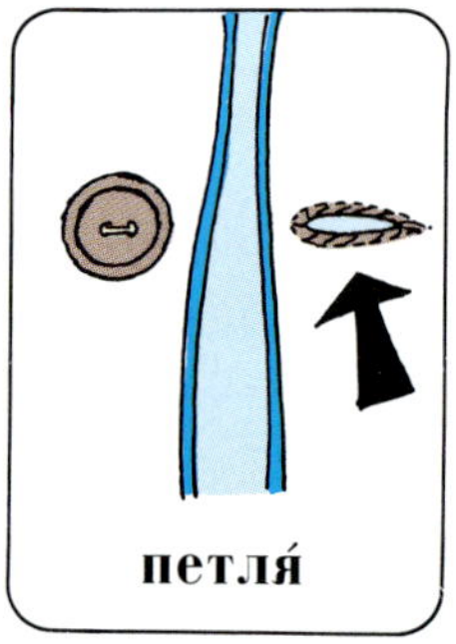

ЖЕ́НСКАЯ ОДЕ́ЖДА

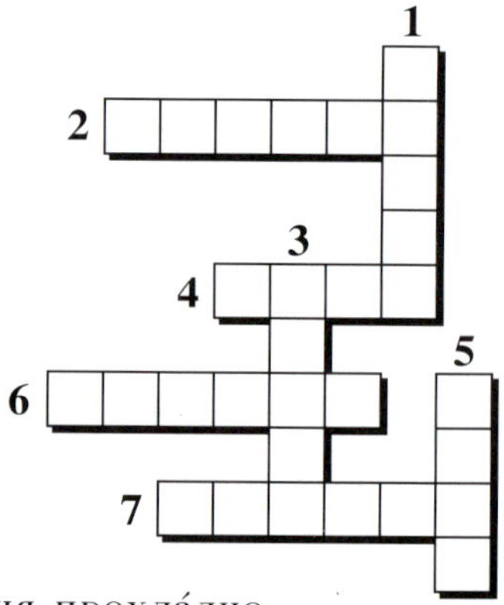

1. Сего́дня прохла́дно, наде́нь шерстяну́ю.......
2. Мне на́до купи́ть но́вое ....
3. Мно́гие же́нщины но́сят ....
4. К э́той ко́фте идёт кра́сная ....
5. У тебя́ боли́т го́рло? Завяжи́ ....
6. Я люблю́ носи́ть стро́гий ....
7. Твой .... сли́шком я́ркий.

МУЖСКА́Я ОДЕ́ЖДА

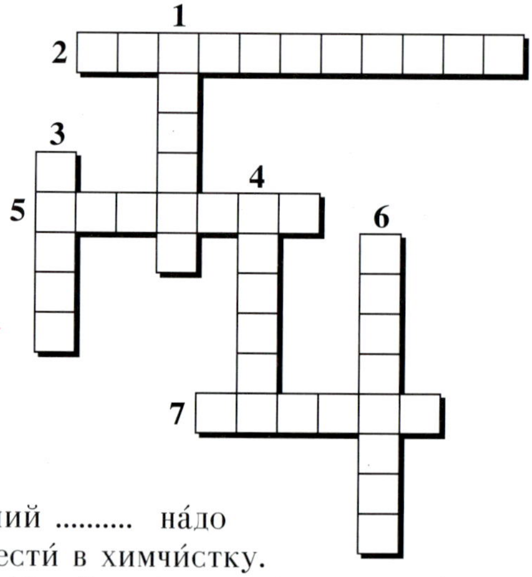

1. Си́ний .... на́до отнести́ в химчи́стку.
2. Зимо́й в Росси́и не обойти́сь без ....
3. Наде́нь се́рые .... Они́ иду́т к си́нему пиджаку́.
4. Зимо́й я хожу́ в пальто́ и́ли в ....
5. На день рожде́ния ма́ма подари́ла мне бе́лую ....
6. Мне нра́вятся я́ркие ....
7. Моему́ бра́ту купи́ли краси́вое ....

Сравни́ э́тот рису́нок с рису́нком 54-55 страни́ц. Кому́ чего́ не хвата́ет?

А. ....
....

Б. ....
....

В. ....
....

Г. ....
....

Д. ....
....

Е ....
....

ПРЕДЛО́ГИ И НАРЕ́ЧИЯ

Зако́нчи сле́дующие предложе́ния, испо́льзуя пра́вильные предло́ги и наре́чия:

1. Пассажи́ры выхо́дят _ _ по́езда.
2. Ле́ночка бе́гает по па́рку, пото́м поднима́ется и спуска́ется _ _ ле́стнице.
3. Не́которые пассажи́ры ждут по́езд _ за́ле ожида́ния.
4. Когда́ подхо́дит по́езд, они́ иду́т к нему́ _ багажо́м.
5. Соба́чка оста́лась _ _ _ _ _ ре́льсами и пря́чется _ _ _ по́ездом.
6. Оди́н мужчи́на _ _ _ багажа́ сади́тся _ по́езд.

час

пять мину́т тре́тьего

де́сять мину́т четвёртого

че́тверть пя́того

два́дцать мину́т шесто́го

полови́на седьмо́го

без двадцати́ мину́т во́семь

без че́тверти де́вять

без десяти́ де́вять

без пяти́ де́сять

ВЕ́РНЫЙ ОТВЕ́Т

1. По́езд прибыва́ет
   а) в во́семь
   б) без восьми́
   в) восьмо́го

2. Ребя́та игра́ют
   а) у шко́лы
   б) под шко́лой
   в) на шко́ле

3. Мы ходи́ли
   а) о кино́
   б) на кино́
   в) в кино́

4. Алексе́й живёт
   а) на Москве́
   б) в Москве́
   в) из Москвы́

5. Ве́чером моя́ ма́ма
   а) до́ма
   б) над до́мом
   в) че́рез дом

6. Хочу́ поговори́ть
   а) под Влади́миром
   б) с Влади́миром
   в) о́коло Влади́мира

7. Я вы́шел
   а) из по́езда
   б) по по́езду
   в) за по́ездом

8. Мы встре́тились недалеко́
   а) без до́ма
   б) за до́мом
   в) от до́ма

9. Я бу́ду ждать тебя́
   а) че́рез у́лицу
   б) на у́лице
   в) от у́лицы

10. Мой городо́к нахо́дится дово́льно далеко́
   а) у Москвы́
   б) из Москвы́
   в) от Москвы́

1 С_А_Ь

2 В_Х_Д _Т _ из до́ма

3 Л_Ж_Т_С_ С_А_Ь

4 Р_Б_Т_Т_.

5 В_Т_В_Т_.

6 В_З_Р_Щ_Т_С_ домо́й.

7 З_В_Р_К_Т_.

8 С_О_Р_Т_ телеви́зор.

9 О_Е_А _Ь.

Под ка́ждым рису́нком вставь недостаю́щие бу́квы. Зате́м напро́тив часо́в напиши́ но́мер рису́нка, де́йствие кото́рого подхо́дит по вре́мени.

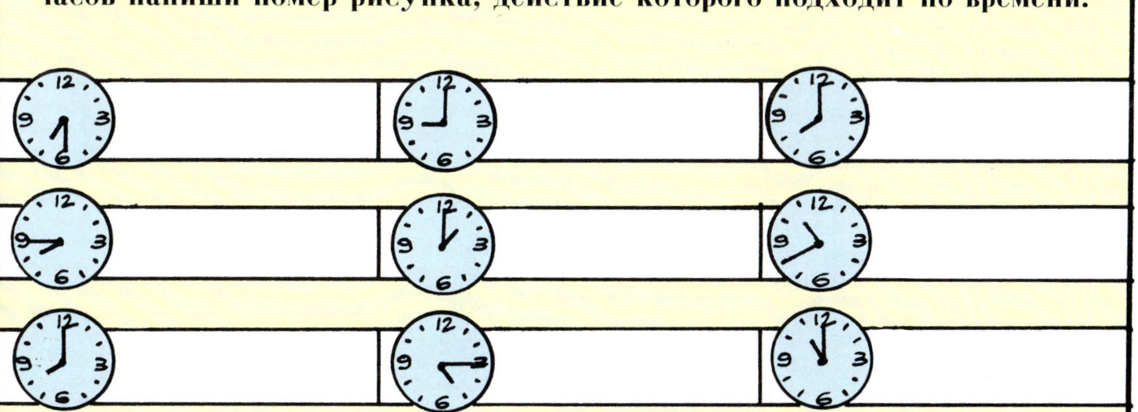

ЗИМО́Й В ГОРА́Х

Прочита́й сле́дующие предложе́ния. Отве́ть: ве́рно-неве́рно.

	В	Н
1. Снегохо́д хо́дит по траве́.	❑	❑
2. У лы́жника есть лы́жи и па́лки.	❑	❑
3. Избу́шка в гора́х нахо́дится в са́мом це́нтре дере́вни.	❑	❑
4. Де́ти наде́ли снегови́ку ку́ртку и сапоги́.	❑	❑
5. Де́тям нра́вится ката́ться на са́нках.	❑	❑
6. На катке́ лю́ди ката́ются на лы́жах.	❑	❑

ката́ться на лы́жах

ката́ться на конька́х

па́дать/упа́сть

скользи́ть

помога́ть/помо́чь

мёрзнуть

дрожа́ть/задрожа́ть

гре́ться/согре́ться

чиха́ть/чихну́ть

идёт снег

В табли́це найдёшь да́нные внизу́ слова́ по вертика́ли, по горизонта́ли и диаго́нали. Вы́черкни их. Из оста́вшихся букв узна́ешь назва́ние зи́мнего спорти́вного соревнова́ния.

- ❑ спуск
- ❑ е́ли
- ❑ го́ры
- ❑ дрожа́ть
- ❑ снежки́
- ❑ ку́ртка
- ❑ снег
- ❑ пик
- ❑ боб
- ❑ альпини́ст
- ❑ ко́шки
- ❑ ледору́б
- ❑ хо́лодно
- ❑ рюкза́к
- ❑ като́к
- ❑ инстру́ктор
- ❑ верши́на
- ❑ перча́тки
- ❑ са́нки

К	А	Т	О	К	Г	И	К	И	П	Г
С	П	У	С	К	О	У	А	Н	Л	П
Н	А	Т	В	Е	Р	Ш	И	Н	А	Е
Е	И	Н	С	Т	Р	У	К	Т	О	Р
Г	Р	Ю	К	З	А	К	■	И	С	Ч
О	К	А	И	И	К	Ж	Е	Н	С	А
Р	Л	Е	Д	О	Р	У	Б	О	Б	Т
Ы	Й	О	Н	Д	О	Л	О	Х	С	К
А	Л	Ь	П	И	Н	И	С	Т	Л	И
А	Л	Ь	Т	А	Ж	О	Р	Д	О	М

☐☐☐☐☐☐☐☐☐☐

☐☐☐☐☐☐

Е́сли ци́фры, ука́занные в простра́нстве соотве́тствуют предме́там на рису́нке, закра́сь э́ти простра́нства.

1. са́нки
2. кана́тная доро́га
3. подъёмник
4. ко́шки
5. ёлка
6. ша́почка
7. ледору́б
8. лы́жник
9. снегови́к
10. альпини́ст
11. лы́жные па́лки
12. шарф
13. лы́жные боти́нки
14. избу́шка в гора́х
15. перча́тки
16. лы́жи

Кто появи́лся на рису́нке?

....

ДОМА́ШНИЕ ЖИВО́ТНЫЕ

КАК НАЗЫВА́ЮТСЯ

1. Она́ трудолюби́ва как ....
2. .... но́сит на спине́ до́мик.
3. Живо́тное, кото́рое даёт шерсть ....
4. Пти́чка с жёлтым опере́нием ....
5. Грызу́н, за кото́рым охо́тится ко́шка ....
6. Даёт нам молоко́ ....
7. Из её яи́ц получа́ется вку́сная яи́чница ....
8. Детёныш соба́ки - ....
9. Ползёт как ....
10. Он упря́м как ....

крыло́

клюв

ко́гти

у́ши

хвост/хвосты́

хо́бот

гри́ва

рога́

усы́

копы́та

На рису́нке спра́ва худо́жник мно́гое перепу́тал. Укажи́, что нарисо́вано пра́вильно и непра́вильно.

ЖИВО́ТНЫЕ	ОШИ́БКИ
1.	....
2.	....
3.	....
4.	....
5.	....
6.	....
7.	....
8.	....
9.	....
10.	....
11.	....
12.	....

Впиши́ в табли́цу назва́ния живо́тных по их при́знакам. Тебе́ помо́гут коли́чество букв и уже́ вписа́нные бу́квы.

1	Щ							
2		О						
3						Я		
4				Л				
5		О						
6			К					
7	У							
8			Ш					
9		О						
10				А				
11						Н		
12			Л					

1. Детёныш собак
2. У неё есть грив
3. Даёт нам ветчин
4. У него́ дли́нные у́ши.
5. Ве́рный друг челове́ка.
6. Помога́ет крестья́нам рабо́тать в по́ле
7. Дома́шняя пти́ц
8. Лю́бит сыр.
9. Мяу́кает.
10. Бле́ет.
11. Птене́ц ку́рицы.
12. Есть та́кже и почто́вый.

ДИ́КИЕ ЖИВО́ТНЫЕ

Отве́ть: ве́рно-неве́рно на сле́дующие определе́ния.

1. Леопа́рд - полоса́тый ....
2. У дромаде́ра два горба́ ....
3. Лев - из семе́йства коша́чьих ....
4. Гиппопота́м бои́тся воды́ ....
5. Хамелео́н меня́ет свою́ окра́ску при цветовы́х измене́ниях в окружа́ющей среде́ ....
6. Зе́бра похо́жа на коня́ ....
7. У носоро́га рог на спине́ ....
8. У жира́фа дли́нная ше́я ....
9. Гори́лла - больша́я пти́ца ....
10. Шака́л име́ет разме́ры лисы́ ....

ныря́ть/ныркну́ть

плыть/пла́вать

пры́гать/пры́гнуть

пря́таться/спря́таться

ползти́/по́лзать

охо́титься/поохо́титься

ню́хать/поню́хать

чеса́ться/почеса́ться

раска́чиваться/раскача́ться

корми́ть/покорми́ть

Зако́нчи сле́дующие предложе́ния. Поста́вь глаго́лы в пра́вильной фо́рме.

Змея́ п_ _ _ _ _ _ по земле́.

Крокоди́л п_ _ _ _ _ _ в реке́.

Гие́на ж_ _ _ па́даль.

Обезья́на к_ _ _ _ _ _ _ _ ме́жду ве́тками дере́вьев.

Ко́ршун к_ _ _ _ _ свои́х птенцо́в.

Лев о_ _ _ _ _ _ _ _ за зе́брами.

Стра́ус п_ _ _ _ _ го́лову в песо́к.

Газе́ль б_ _ _ _ _ и п_ _ _ _ _ _.

Гиппопота́м н_ _ _ _ _ в и́листую во́ду.

Слон ч_ _ _ _ спи́ну о ствол де́рева.

Леопа́рд о_ _ _ _ _ _ _ _ за газе́лью.

Обезья́на п_ _ _ _ _ _ _ с одно́й ве́тки на другу́ю.

В э́том стра́нном зве́ре спря́тано 9 живо́тных. Отгада́й и напиши́ их внизу́. Тебе́ помо́гут пе́рвые бу́квы.

1. Б_ _ _ _ _
2. Ф_ _ _ _ _ _ _ _
3. Ж_ _ _ _
4. З_ _ _ _
5. Д_ _ _ _ _ _ _
6. С_ _ _ _ _
7. Х_ _ _ _ _ _ _ _
8. К_ _ _ _ _ _ _
9. С_ _ _

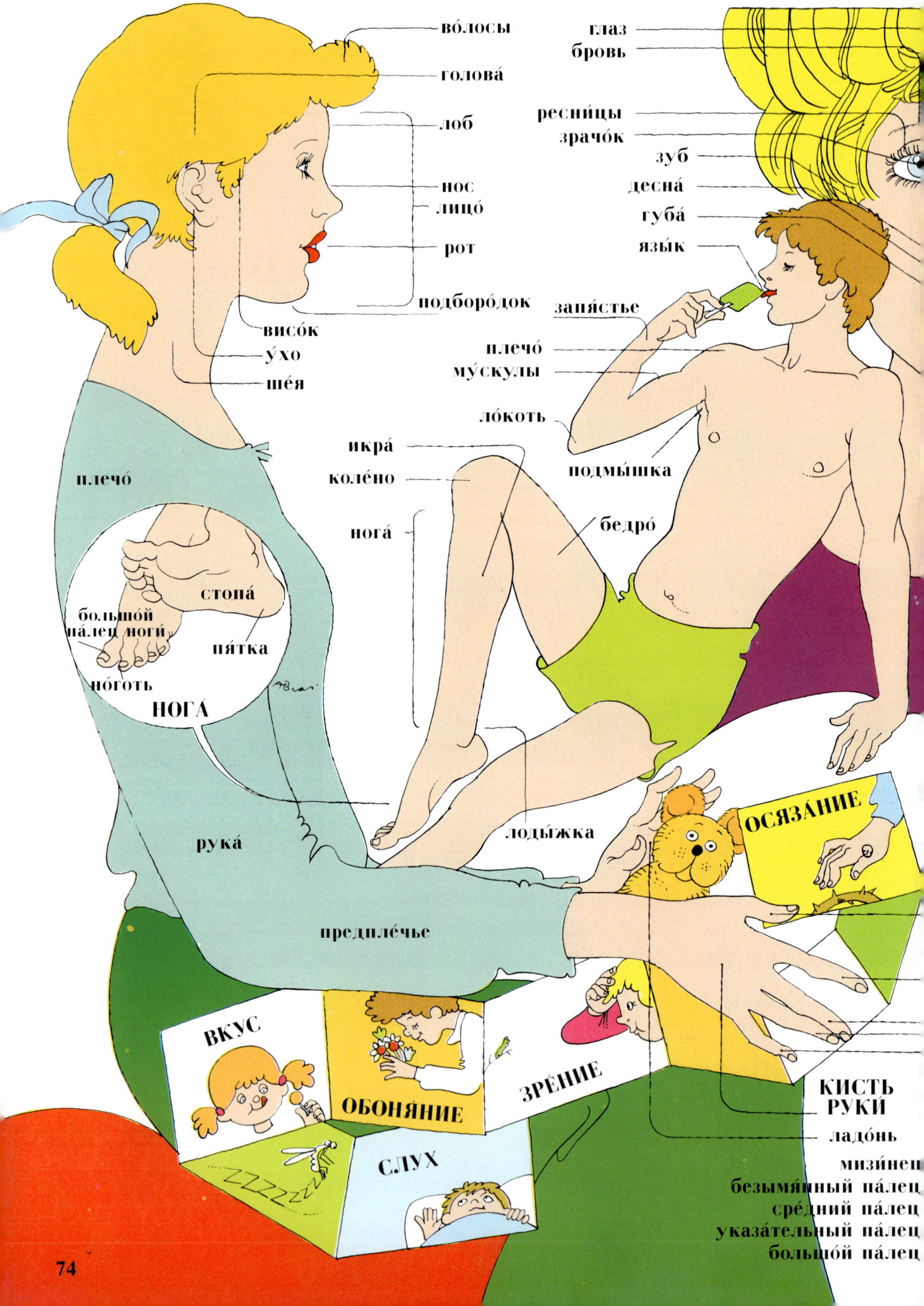
во́лосы
голова́
лоб
нос
лицо́
рот
подборо́док
висо́к
у́хо
ше́я
глаз
бровь
ресни́цы
зрачо́к
зуб
десна́
губа́
язы́к
запя́стье
плечо́
му́скулы
ло́коть
подмы́шка
икра́
коле́но
нога́
бедро́
плечо́
стопа́
большо́й па́лец ноги́
пя́тка
но́готь
НОГА́
рука́
лоды́жка
предпле́чье
ОСЯЗА́НИЕ
ВКУС
ОБОНЯ́НИЕ
ЗРЕ́НИЕ
СЛУХ
КИСТЬ РУКИ́
ладо́нь
мизи́нец
безымя́нный па́лец
сре́дний па́лец
указа́тельный па́лец
большо́й па́лец

ТЕ́ЛО ЧЕЛОВЕ́КА

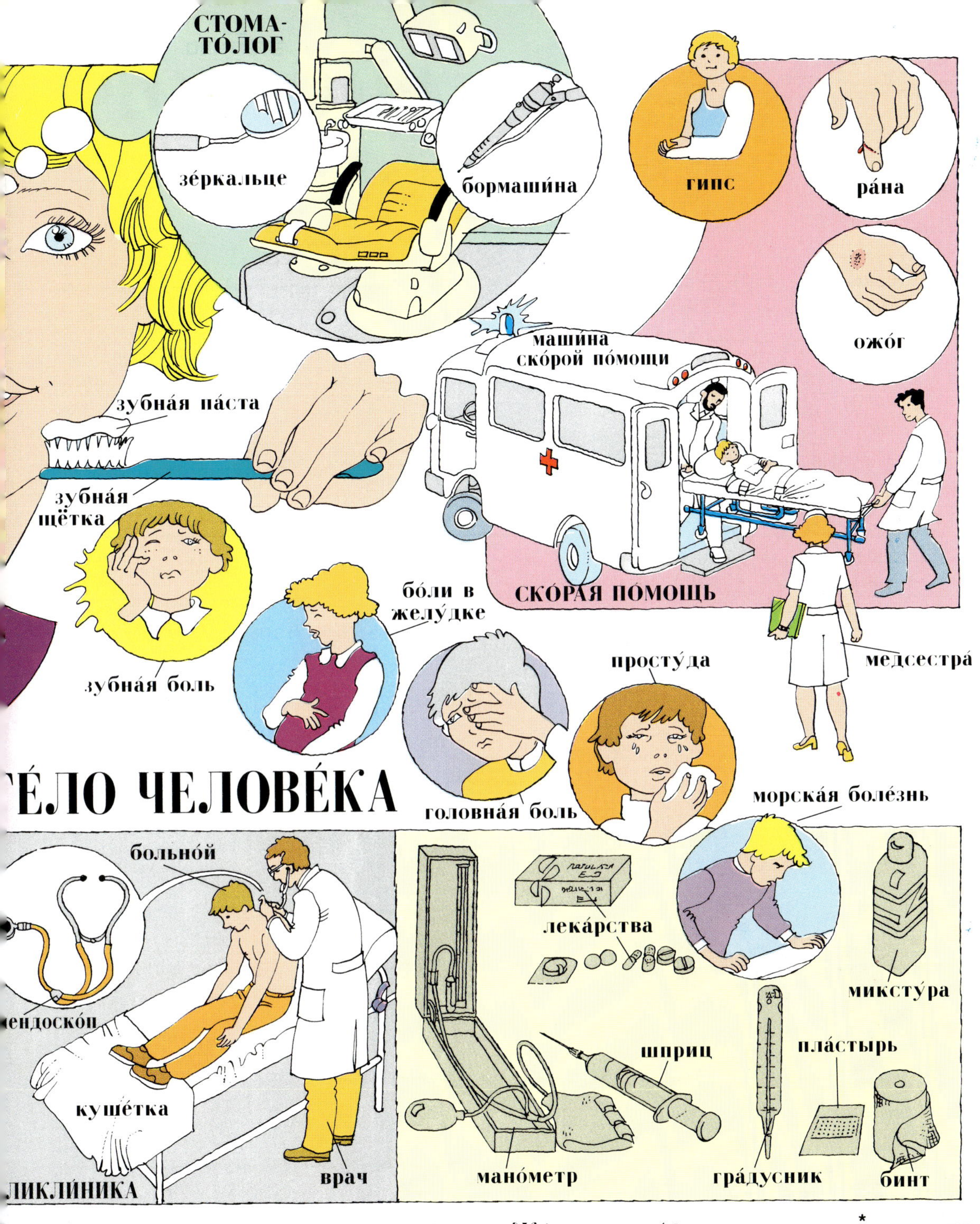

Запо́лни табли́цу по да́нным определе́ниям. Жи́рным шри́фтом прочита́ешь сло́во, обознача́ющее физи́ческое и психи́ческое благополу́чие.

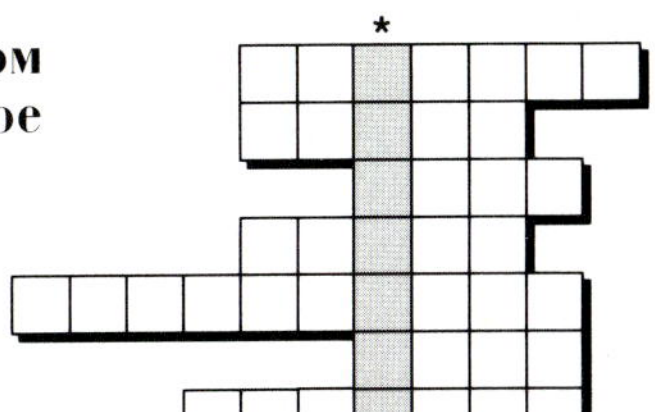

1. Са́мый ма́ленький па́лец.
2. Ве́рхняя часть ноги́.
3. Тра́вма, обожжённое ме́сто.
4. Им де́лают уко́лы.
5. Зубно́й врач.
6. Ле́чит больны́х.
7. Оди́н из па́льцев.
8. Одно́ из чувств челове́ка.

по́лный/
худо́й

краси́вый/
стра́шный

си́льный/
сла́бый

высо́кий/
ни́зкий

блонди́нка/
брюне́тка

гла́дкие/
кудря́вые

спра́ва/
сле́ва

ве́село/
гру́стно

молодо́й/
ста́рый

дли́нные/
коро́ткие

КРОССВО́РД

Впиши́ в табли́цу да́нные внизу́ слова́.

3 бу́квы	❑ нос
4 бу́квы	❑ рука́ ❑ язы́к ❑ глаз ❑ лицо́ ❑ ра́на ❑ нога́ ❑ ожо́г
5 букв	❑ пя́тка
6 букв	❑ коле́но ❑ зрачо́к ❑ голова́ ❑ ло́коть
8 букв	❑ осяза́ние ❑ запя́стье ❑ обоня́ние
11 букв	❑ поликли́ника

Напиши́ 15 назва́ний часте́й те́ла челове́ка. Вы́бери их с рису́нков спра́ва, начина́я с головы́ и конча́я ного́й.

1. _ _ _ _ _ _
2. _ _ _ _ _
3. _ _ _ _
4. _ _ _
5. _ _ _
6. _ _ _ _ _ _ _ _ _ _
7. _ _ _
8. _ _ _ _ _
9. _ _ _ _ _ _
10. _ _ _ _ _
11. _ _ _ _ _
12. _ _ _ _ _ _
13. _ _ _ _
14. _ _ _ _ _ _ _
15. _ _ _ _

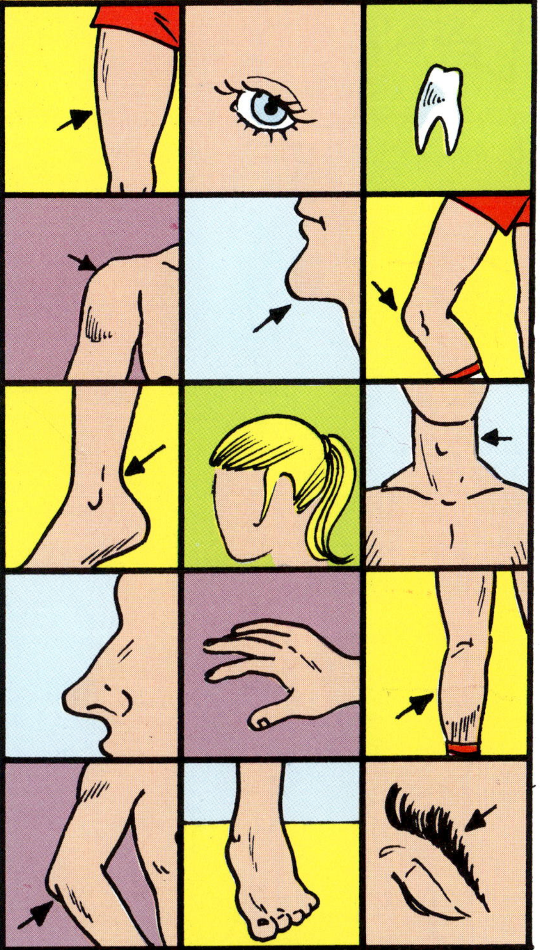

То́лько четы́ре прилага́тельных подхо́дят к э́тому челове́ку. Каки́е? Впиши́ их в схе́му.

КРАСИ́ВЫЙ - ХУДО́Й
СИ́ЛЬНЫЙ - СТРА́ШНЫЙ
НИ́ЗКИЙ - ПО́ЛНЫЙ
СЛА́БЫЙ - ВЫСО́КИЙ

СПОРТ

1. мяч
2. корзи́на
3. баскетболи́сты
4. пловéц
5. щитóк
6. клю́шка
7. боксёры
8. барьéр
9. рапи́ра

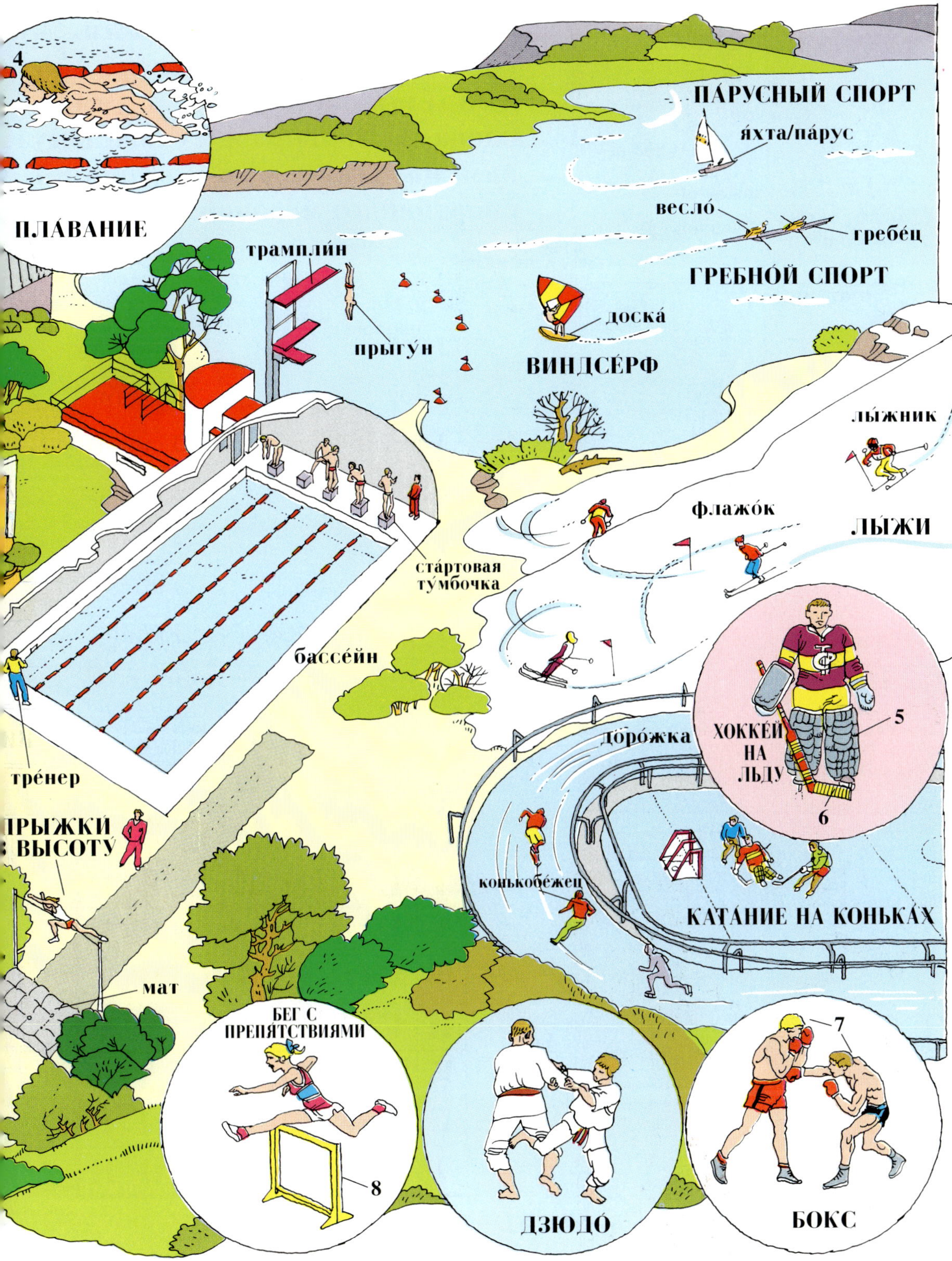

10. ма́ска
11. бревно́

занима́ться гимна́стикой

накло́н ту́ловища

броса́ть/бро́сить мяч

лови́ть/пойма́ть мяч

тяну́ть/потяну́ть

забива́ть/заби́ть гол

пари́ровать

поднима́ть/подня́ть

поража́ть/порази́ть цель

В табли́це по вертика́ли, по горизонта́ли и диагона́ли найдёшь все да́нные внизу́ слова́. Оста́вшиеся бу́квы даду́т вам назва́ние междунаро́дного спорти́вного мероприя́тия.

- ❑ у́гол
- ❑ бокс
- ❑ бег
- ❑ футбо́л
- ❑ гимна́стика
- ❑ се́тка
- ❑ спортсме́н
- ❑ трампли́н
- ❑ мяч
- ❑ те́ннис
- ❑ гало́п
- ❑ спорт
- ❑ па́рус
- ❑ мат
- ❑ по́ле
- ❑ конь

Л	О	Г	У	О	Б	А	Л
О	Е	И	Ь	Н	О	К	С
Б	И	М	Я	Ч	К	Т	П
Т	Е	Н	Н	И	С	Е	О
У	Г	А	Л	О	П	С	Р
Ф	М	С	■	П	О	И	Т
Й	С	Т	П	А	Р	У	С
К	И	И	Е	И	Т	А	М
Г	Р	К	Ы	П	О	Л	Е
Т	Р	А	М	П	Л	И	Н

Напиши́ назва́ния ви́дов спо́рта, вписа́в недостаю́щие бу́квы. Зате́м в ни́жние 10 квадра́тиков впиши́ бу́квы соотве́тствующих ви́дов спо́рта бу́квам ма́леньких квадра́тиков, кото́рые ви́дишь в си́мволе. Узна́ешь назва́ние спорти́вного состяза́ния.

В_Л_С_П_Д_Ы_
С_О_Т

____

Л_Ж_

____

В_Р_О_А́_ Е_Д_

____

П_А́_А_И_

____

Т_Н_И_

____

Ф_Т_О́_

____

Б_С_Е_Б_Л

____

П_Ы_К_ В
В_С_Т_

____

Х_К_Е́_

____

К_Т_Н_Е Н_
К_Н_К_Х

____

Баскетбо́л	Футбо́л	Верхова́я езда́	Велосипе́дный спорт	Те́ннис	Хокке́й	Ката́ние на конька́х	Прыжки́ в высоту́	Пла́вание	Лы́жи
☐	☐	☐	☐	☐	☐	☐	☐	☐	☐

ЛЕ́ТНИЙ О́ТДЫХ

Допо́лни предложе́ния, испо́льзуя пра́вильную фо́рму глаго́ла.

1. Ди́ма и А́нна с_ _ _ _ _ _ му́зыку.
2. Вы с Ксе́нией ка́ждое у́тро д_ _ _ _ _ _ з_ _ _ _ _ _ .
3. Я люблю́ п_ _ _ _ _ _ не то́лько в мо́ре, но и в бассе́йне.
4. Нам нра́вится г_ _ _ _ _ по па́рку.
5. Же́ня с_ _ _ в гамаке́.
6. Ты хорошо́ и_ _ _ _ _ _ на гита́ре?
7. О́сенью в Подмоско́вье мы лю́бим с_ _ _ _ _ _ _ грибы́.

восхо́д

зака́т

день/ночь

со́лнце

луна́

звёзды

ту́чи

мо́ре

шезло́нг

зонт

ВЫ́БЕРИ ПРА́ВИЛЬНЫЙ ГЛАГО́Л!

1. В ке́мпинге мы **спим/гуля́ем/фотографи́руем** в пала́тке.

2. Дени́с в лесу́ **гребёт/peда́лит/и́щет** грибы́.

3. Ната́ша лежи́т на пля́же и **фотографи́рует/загора́ет/пла́вает**.

4. Кто лю́бит ката́ться на велосипе́де до́лжен **педа́лить/спать/рисова́ть**.

5. Лев кра́сками и ки́сточкой **гуля́ет/собира́ет/рису́ет** натюрмо́рт.

6. Ми́ша и Ли́за сидя́т под де́ревом и **рису́ют/слу́шают/чита́ют** кни́гу.

Соедини́ глаго́л ле́вого сто́лбика с соотве́тствующим сло́вом. Тебе́ помо́гут пе́рвые бу́квы слов и коли́чество чёрточек.

1. Л_ _ _ _ _ Р_ _ _	У́ДОЧКА
2. С_ _ _ _	ГАМА́К
3. Г_ _ _ _ _	ЛО́ДКА
4. П_ _ _ _ _ _ _	ВЕЛОСИПЕ́Д
5. Р_ _ _ _ _ _ _	ПЕЙЗА́Ж
6. Ч_ _ _ _ _	РОМА́Н
7. С_ _ _ _ _ _ _	ГРИБЫ́
8. Л_ _ _ _ _	ГО́РЫ

Соста́вь расска́з по карти́нкам. Вме́сто чёрточек впиши́ недостаю́щие бу́квы и назва́ния нарисо́ванных предме́тов.

Л_т_м я́рко с_е_и_  _ _ _ _ _ _

и отдыха́ть в

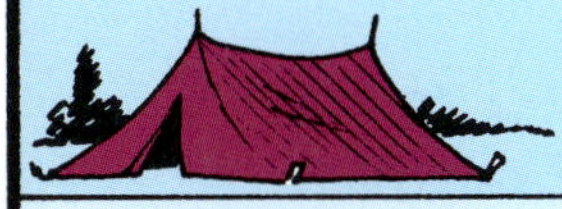 _ _ _ _ _ _ _ _ на м_р_

о́чень х_р_ш_. Здесь мо́жно л_в_т_ р_б_,

 _ _ _ _ _ _ _ _ _ _ и

п_а́_а_ь от  _ _ _ _ _ _ _ _

до з_к_т_.

 А в _ _ _ _ _ _ _ _ _ _ дни мо́жно

ч_т_т_ и́ли г_л_т_.

Ле́том мо́жно с_а_ь под  _ _ _ _ _ _ _ _ _

при _ _ _ _ _ _ _ _ _ 

и не з_м_р_н_т_, а у́тром п_о_н_т_с_

от щебета́ния  _ _ _ _.

УКАЗАТЕЛЬ

В э́том словаре́ со́браны все слова́ в иллюстра́циях в алфави́тном поря́дке. Е́сли ты забы́л одно́ сло́во, то мо́жешь найти́ его́ по иллюстра́ции. Страни́ца ука́зана напро́тив сло́ва.

ОТВЕТЫ

Стр. 7: 1. Снег 2. Озеро 3. Коса 4. Лист.
Стр. 9: Небо голубое. На вершине горы лежит снег. Река стекает с гор и течёт по равнине. Здесь много зелёных деревьев. Между кустами видны красные цветы.
Стр. 10 и 11: 1. Тротуар 2. Остановка 3. Ступеньки 4. Витрины 5. Автостоянка 6. Универсальный магазин
Стр. 12: 1-б 2-б 3-а 4-в 5-б 6-а 7-в 8-б
Стр. 13: парковать, фотографировать, бросать, опускать, посещать, переходить, ходить, встречаться.
Стр.16: *Игра А*: 1. Пассажир 2. Купе 3. Аэропорт 4. Стюардесса 5. Товарный 6. Рейс. *Скорый
Игра Б: 1. Приезжать 2. Уезжать 3. Иллюминатор 4. Садиться 5. Стюардесса 6. Выходить. *Рельсы
Стр.17: Я собрал чемодан и взял паспорт. Потом сел в автобус, чтобы поехать в аэропорт. Мне нравится смотреть в иллюминатор самолёта. Стюардесса как всегда очень любезна! Мне нравится профессия лётчика. Но работа на контрольной вышке тоже интересная. Ой! Я забыл дома билет!
Стр. 19: Какая радость, когда в семье решают поехать в путешествие! Сначала надо собрать чемоданы. Положить их в багажник автомобиля. Мы с братом любим смотреть на дорожные знаки и на машины за разделительной полосой дороги. На дороге много грузовиков: автоцистерн, тягачей. А вот экскурсионные автобусы, которые везут иностранных туристов. Нам очень нравится путешествовать!
Стр. 20: Санкт-Петербург.
Стр. 23: бар- бармен/варить-повар/камень-каменщик/ такси-таксист/ продавать-продавец/ дом-домашняя хозяйка/ печь-пекарь/ двор-дворник/ телефон-телефонистка/ водить-водитель/ спорт-спортсмен/ касса-кассир.
Стр. 24: Кем работает твой отец? *Архитектором. А твой?* А мой отец работает на бензоколонке. *Значит, он работник бензоколонки.* Да, но ему не нравится эта работа. *А какая работа ему нравится?*
Он любит путешествовать... *Он может стать водителем автобуса.* Было бы здорово! *А твоя мама работает?* Нет, она домашняя хозяйка. *А моя печатает на машинке.* Она секретарь-машинистка? Да, *работает в офисе.* Хорошая работа! *Да, интересная.*
Стр. 25: 1. Архитектор проектирует город. В работе пользуется линейкой и угольником. 2. Автослесарь ремонтирует машину и пользуется гаечным ключом. 3. Работник бензоколонки заправляет бак автомобиля. 4. Домашняя хозяйка покупает продукты и кладёт их в хозяйственную сумку. 5. Регулировщик регулирует уличное движение и свистит в свисток.
Стр. 27: 1. Убежище 2. Дача 3. За́мок 4. Мансарда 5. Небоскрёб 6. Гостиница
Стр. 28: 1. Новая 2. Маленький 3. Беспорядок 4. Чистая 5. Много 6. Квадратный 7. Длинное 8. Тепло 9. Широкий 10. Светлые
Стр. 29: 1. Терраса 2. Здание 3. Кампер 4. Убежище 5. Бассейн 6. Озеро 7. За́мок 8. Гараж 9. Сад 10. Ферма 11. Мотель 12. Навес 13. Лес 14. Небоскрёб. Прицепной домик
Стр. 30 и 31: *Кухня:* губка-мойка-холодильник. *Прихожая:* лестница-цветочный горшок-коридор. *Во дворе:* ступеньки-гараж-коврик. *Ванная:* душ-расчёска-ванна. *Спальня:* платяной шкаф-кровать-тумбочка. *Гостиная:* кресло-камин-картина.
Стр. 32: Палатка.
Стр. 33: 1. Лампа под телевизором. 2. Чашка около окна. 3. Расчёска над шторами. 4. Щётка для волос между дверью и телевизором. 5. Зубная щётка под диваном.
Стр. 35: Вчера впервые с родителями я ходил в кафе-самообслуживание, или, как его ещё называют- шведский стол. Там было много клиентов и пришлось стоять в длинной очереди. Мой отец выбил чек в кассе. Каждый из нас взял поднос и выбрал разные блюда. Я, например, выбрал моё любимое - котлеты и жареную картошку. Потом мы сели за стол и начали есть с большим аппетитом.
Стр. 36: 1-н 2-в 3-в 4-в 5-н 6-в 7-н 8-в 9-в 10-в 11-н 12-н
Стр. 37: касса, хлеб, соль и перец, стакан, нож, ложка, меню, салфетка, официант, вилка.
Стр. 39: 1. В бумажник 2. В кассу 3. На полках 4. В тележку 5. В полиэтиленовый пакет
Стр. 40: *Игра А*: 1. Г 2. Д 3. Ж 4. А 5. З 6. К 7. Е 8. Б 9. В 10. И
Игра Б: 1. Фрукты 2. Пирожные 3. Книги 4. Цветы 5. Хлеб 6. Рыба 7. Кассир 8. Лекарства 9. Мясо. * Универсам.
Стр. 43: 1. ФРУКТЫ: яблоки, персики, виноград, бананы, дыня, 2. РЫБА: камбала, каракатицы, угри, осьминоги, раки. 3. ОВОЩИ: салат-латук, фасоль, перец, фенхель, капуста. 4. СЛАДОСТИ: карамель, торт, мороженое, шоколад, леденцы.
Стр. 44: 1-в 2-б 3-б 4-а 5-в 6-б 7-б 8-а 9-в 10-б
Стр. 45: 1. Морковь 2. Осьминог 3. Мороженое 4. Лимоны 5. Карамель 6. Сардельки 7. Груша 8. Черешня 9. Пирожное 10. Угорь 11. Рак 12. Колбаса 13. Баклажан.
Стр. 47: Сегодня- первый день школьных занятий. Детей встречает учитель и

сопровождает их в класс. Учитель садится за стол. Саша сидит за партой, достаёт из портфеля новые тетради. Учитель повесил пальто на вешалку. Один из учеников пишет на доске дату - 1 сентября. Задания на дом Саша аккуратно записывает в дневник. На уроке он пользуется словарём, чтобы найти значение трудных слов. А географическая карта и глобус помогут ему в географии.

Стр. 49: 1-Б 2-Г 3-Ж 4-З 5-Д 6-Е 7-А 8-В.

Стр. 51:1-в 2-а 3-б 4-г 5-д 6-е 7-ж

Стр. 52: 1. Машинистка печатает письмо на пишущей машинке. 2. Служащий опаздывает на работу. 3. Курьер с утра разносит письма. 4. Директор очень пунктуален. Он приходит на работу вовремя. 5. Телефонистка сидит за письменным столом. 6. Секретарь зовёт к телефону служащего. 7. Посетитель стоит у письменного стола директора. 8. Директор знакомит посетителя с секретарём. 9. Директор садится за свой рабочий стол. 10. Курьер ушёл на почту. Он должен получить корреспонденцию.

Стр. 53: скрепитель, телефон, пишущая машинка, копировальная машина, картотека, откидной календарь, папка, дырокол, калькулятор. * Секретарь.

Стр. 55: 1. Когда идёт дождь, люди надевают плащ. 2. Зимой мы носим тёплую одежду. 3. Я надеваю пальто, если на улице холодно. 4. Когда болит горло, надо носить шарф. 5. Когда мой брат ездит на мотоцикле, он надевает кожаную куртку и шлем. 6. Летом вы носите босоножки. 7. Чтобы не испортить причёску при сильном ветре, ты надеваешь косынку. 8. В театр мои старшие сёстры надевают вечерние платья.

Стр. 56: *Игра А*: 1. Кофта 2. Пальто 3. Брюки 4. Юбка 5. Шарф 6. Костюм 7. Свитер.

Игра Б: 1. Пиджак 2. Шапки-ушанки 3. Брюки 4. Куртка 5. Рубашка 6. Галстуки 7. Пальто

Стр. 57: А-Куртка-ветровка, сапоги. Б-Плащ, туфли. В-Пальто, шляпа. Г-Пиджак, брюки. Д-Шерстяная кофта, косынка, Е-Рубашка, галстук.

Стр. 59: 1-из 2-по 3-в 4-с 5-между-под 6-без-в.

Стр. 60: 1-а, 2-а, 3-в, 4-б, 5-а, 6-б, 7-а, 8-в, 9-б, 10-в.

Стр. 61: 1.Спать 2. Выходить из дома 3. Ложиться спать 4. Работать 5. Вставать 6. Возвращаться домой 7. Завтракать 8. Смотреть телевизор 9. Обедать

Стр. 63: 1-н 2-в 3-н 4-н 5-в 6-н

Стр. 64: Гигантский слалом.

Стр. 65: Лыжник

Стр. 67: 1. Пчела 2. Улитка 3. Овца 4. Канарейка 5. Мышь 6. Корова 7. Курица 8. Щенок 9. Черепаха 10. Осёл

Стр. 68: *Игра А*: 1. Собака-когти 2. Петух-уши 3. Гусь 4. Лошадь-рога 5. Улитка-хвост 6. Рыба-клюв 7. Черепаха-усы 8. Курица-копыта 9. Кролик-крылья 10. Корова-хобот 11. Овца-грива 12. Птица.

Игра Б: 1. Щенок 2. Лошадь 3. Свинья 4. Осёл 5. Собака 6. Бык 7. Утка 8. Мышь 9. Кошка 10. Овца 11. Цыплёнок 12. Голубь

Стр. 71: 1-н 2-н 3-в 4-н 5-в 6-в 7-н 8-в 9-н 10-в

Стр. 72: Змея ползает по земле. Крокодил плавает в реке. Гиена ждёт падаль. Обезьяна качается между ветками деревьев. Коршун кормит своих птенцов. Лев охотится за зебрами. Страус прячет голову в песок. Газель бегает и прыгает. Гиппопотам ныряет в илистую воду. Слон чешет спину о ствол дерева. Леопард охотится за газелью. Обезьяна прыгает с одной ветки на другую.

Стр. 73: 1. Буйвол 2. Фламинго 3. Жираф 4. Зебра 5. Дромадер 6. Страус 7. Хамелеон 8. Крокодил 9. Слон

Стр. 75: 1. Мизинец 2. Бедро 3. Ожог 4. Шприц 5. Стоматолог 6. Врач 7. Большой 8. Зрение

Стр. 77: *Игра А*: 1. Волосы 2. Брови 3. Глаз 4. Нос 5. Зуб 6. Подбородок 7. Шея 8. Плечо 9. Локоть 10. Кисть 11. Бедро 12. Колено 13. Икра 14. Лодыжка 15. Нога.

ИграБ: Полный-высокий-страшный-сильный.

Стр. 80: Олимпийские игры.

Стр. 81: велосипедный спорт, верховая езда, теннис, баскетбол, хоккей, лыжи, плавание, футбол, прыжки в высоту, катание на коньках. /Фехтование.

Стр. 83: 1. Дима и Анна слушают музыку. 2. Вы с Ксенией каждое утро делаете зарядку. 3. Я люблю плавать не только в море, но и в бассейне. 4. Нам нравится гулять по парку. 5. Женя спит в гамаке. 6. Ты хорошо играешь на гитаре? 7. Осенью в Подмосковье мы любим собирать грибы.

Стр. 84: *Игра А*: 1. В кемпинге мы спим в палатке. 2. Денис в лесу ищет грибы. 3. Наташа лежит на пляже и загорает. 4. Кто любит кататься на велосипеде, должен педалить. 5. Лев красками и кисточкой пишет натюрморт. 6. Миша и Лиза сидят под деревом и читают книгу.

Игра Б: 1. Ловить рыбу-удочка 2. Спать-гамак 3. Грести-лодка 4. Педалить-велосипед 5. Рисовать-пейзаж 6. Читать-роман 7. Собирать-грибы 8. Лазать-горы.

Стр. 85: Летом ярко светит солнце и отдыхать в палатке на море очень хорошо. Здесь можно ловить рыбу, загорать, плавать от восхода до заката. А в облачные дни можно читать или гулять. Летом можно спать под звёздами при свете луны и не замёрзнуть, а утром проснуться от щебета́ния птиц.

Содержание